絵解き式

読まずにわかる英文法

佐久間治著
Osamu Sakuma

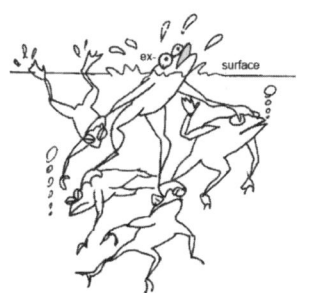
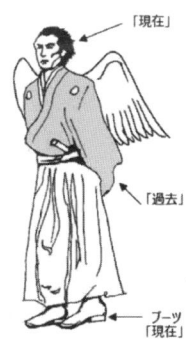

研究社

はじめに

　日本を訪れる外国人観光客が日本のレストランなどで食品サンプルを見ると、こぞって絶賛するのだそうです。実物そっくりの見本が陳列してあるので、出てくる料理が具体的にイメージできるからです。執筆にあたって私が念頭に置いたのも、英文法の解説書で食品サンプルと同じことができないかということでした。

　文法の根本を分かりやすく説明するにはどうしたらいいかと悩んだあげく、私は「見るだけで文法の内容が分かるものにすべき」だと結論づけました。抽象的な言葉を10個連ねるよりも、視覚に訴える図柄が1つあるほうが理解は早いものです。そこで、私は本書を執筆するにあたり、絵を中心にすることにしました。

　もちろん、これまでも絵やイラストを駆使した英文法の解説書はあまた出版されています。ただし、本書がこれら類書と異なる決定的な違いが1つあります。それは、私みずから絵を描いたという点です。

　執筆者が絵を描くことには大きな強みがあります。それは、みずからの「想い」を「かたち」にできることです。「かたち」を専門のイラストレーターに依頼しても、執筆者の「想い」と、イラストレーターがこちらの意図を理解して描いた「かたち」はなかなか一致しないものです。いくら微調整を重ねようと、二人三脚では執筆側の「想い」を完全に表現することは困難です。幸い私にはイラストレーターとして活動した時期があり、本のためにイラストを描くのは初めてではありませんでした。しばらくブランクもあり稚拙なイラストでありますが、少なくとも伝えるべき「想い」は十分表現できたと自負しています。

　もう1つ工夫したことがあります。それは日本語を解説の中心にしたことです。英語の解説書だからと言って英語を多用すると、基本が理解できない学習者に頭ごなしに英語を浴びせかけることになり、消化不良に陥ります。英語でも日本語でも言語的な本質は同じですから、まず日本語で理解してもらえば、基本的理解として十分なの

です。ただし、用例も陳腐なものは避けなるべく刺激的な用語や例文を採用したので、苦手意識がある人にも楽しんで英語に接してもらえるのではないかと期待しています。

　タイトルの「読まずにわかる」がまさに本書の理念です。絵を見て、まずその項のメッセージを感じ取ってください。そのことで英語に興味を抱いてもらえたら、本書の狙いは達成されたと言えます。文字の解説はつけ足しにすぎないのです。これが「絵解き式」の意味です。幸運にも本書が広く受け入れられたら、英語が苦手な人たちに英語がもっと好きになってもらえるような、さらに絵と例文を充実させ進化させた文法解説書を出版するつもりでおります。

　本書をきっかけして、さらに発展的に勉強してもらうことが本書の役目です。また、それだけで英語が苦手な人は力が大きく向上できるはずです。ぜひ楽しんで読んでください。もしその願いが叶えられたら、執筆者としてこれ以上の喜びはありません。

佐久間　治

目　次

第1章　品詞について　1

　　名詞　2
　　形容詞その他　6
　　名詞の人称と代名詞　10
　　代名詞の格　12

第2章　動詞　15

　　動詞の現在と過去　16
　　助動詞　21
　　be動詞　30
　　自動詞と他動詞　34
　　SVOOとSVOCの構文　42

第3章　準動詞　49

　　現在分詞と過去分詞　50
　　現在完了　59
　　動名詞　63
　　不定詞　65
　　知覚動詞と使役動詞　79

第4章　節　87

　名詞節　88
　副詞節　94
　時制の一致　98

第5章　仮定法　103

第6章　時制のズレ　111

第7章　関係詞　121

　関係代名詞　122
　関係副詞　132
　that のまとめ　136

第8章　比較　141

付　録　確認クイズ　159

索　引　166

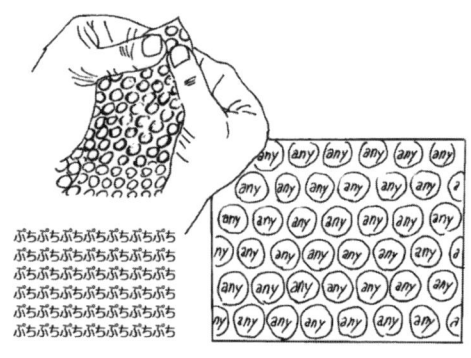

第1章
品詞について

英文を理解するには、何よりも、品詞間の修飾関係を知ることです。長くて複雑な英文も整理すれば意外と単純な構造であることに気がつくでしょう。それにはまず、名詞を修飾する形容詞と動詞を修飾する副詞を捕えることから始めましょう。

▶名詞

1 いろいろな名詞

　名詞は以下のように5つに分類されます。名詞の種類なんて知らなくても、日常、困ることはありませんが、単数か複数かを意識する際に参考になります。ただし、学者でさえ、分類に悩む名詞も少なくありません。

desk（机）、chair（椅子）、notebook（ノート）、textbook（教科書）、あるいはteacher（先生）、student（生徒）は普通名詞です。はっきりと単数と複数の区別ができます。
　大石久子先生とか生徒の伊藤彩さんと佐久間たかし君は固有名詞です。同じものは2つとないので、複数形は存在しません。

2 集合名詞

classは集合名詞です。先生が教室に入って「みなさん、おはようございます」と言うときは、Good morning, class. で表し、classを1個の塊（かたまり）として扱います。family（家族）、nation（国民）、band（バンド）、people（民族）、audience（聴衆）などがこのグループに属します。集合名詞は'単数扱い'と'複数扱い'に分かれます。

単数扱い：塊として捉える（「我が家は大家族です」）

My family **is** very big.

複数扱い：個々の構成員を意識する（「私の家族はみな元気です」）

My family **are** all very well.

3 物質名詞

chalk（チョーク）は物質名詞です。液体（例：water、milk、tea、wine）、気体（air、gas）、原料・食糧（wood、paper、glass、iron、sugar、salt、bread）がこの名詞に属します。

物質名詞はどんなに変形させても本質は変わらず均質です。

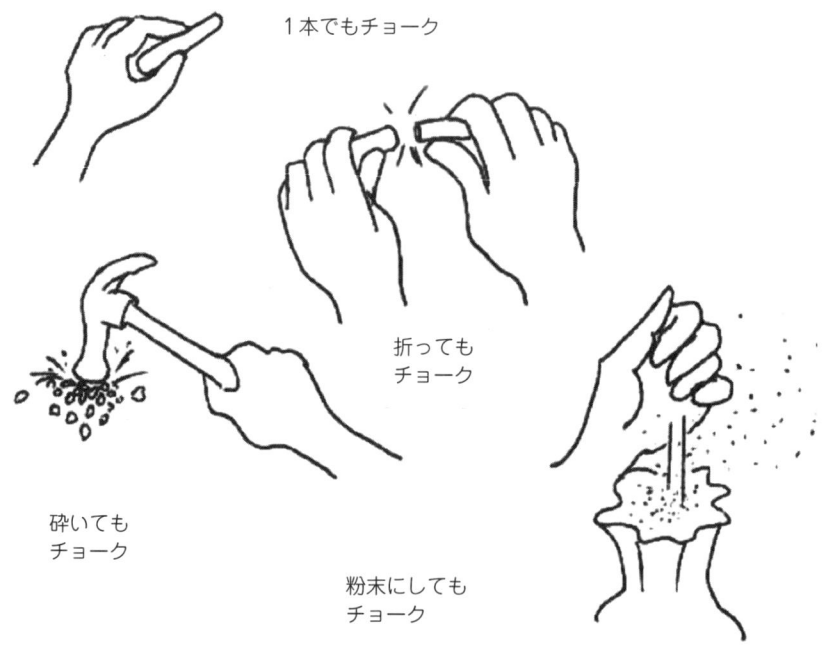

1本でもチョーク
折ってもチョーク
砕いてもチョーク
粉末にしてもチョーク

「液体」や「気体」も容器に詰めれば、輪郭を持ち、有形化します。水分はまた凍結して、朝露とか霜柱になれば輪郭ができて、有形化します。ガスは水中では気泡となってその輪郭を確認できます。液化ガスにすることもできます。

通常、物質名詞には単数と複数の区別はありません。しかし、in Japanese waters（日本の領海で）とか greenhouse gases（温室効果ガス）など、具体性を強調する状況では複数形で表現することもあります。

4 抽象名詞

　kindness（親切）、bravery（勇気）、peace（平和）、health（健康）、movement（運動）、flight（飛行）、science（科学）、sociology（社会学）、tennis（テニス）、baseball（野球）やnumber（数）、length（長さ）など、多種多様の抽象名詞が身の回りにあります。抽象名詞は他の名詞と違って、輪郭がありません。輪郭がないので、絵や造形に切り取ることができません。抽象名詞は通常、*War and Peace*（『戦争と平和』）のように単数扱いしますが、*Star Wars*（『スターウォーズ』）のように、具体性を帯びると複数にすることがあります。

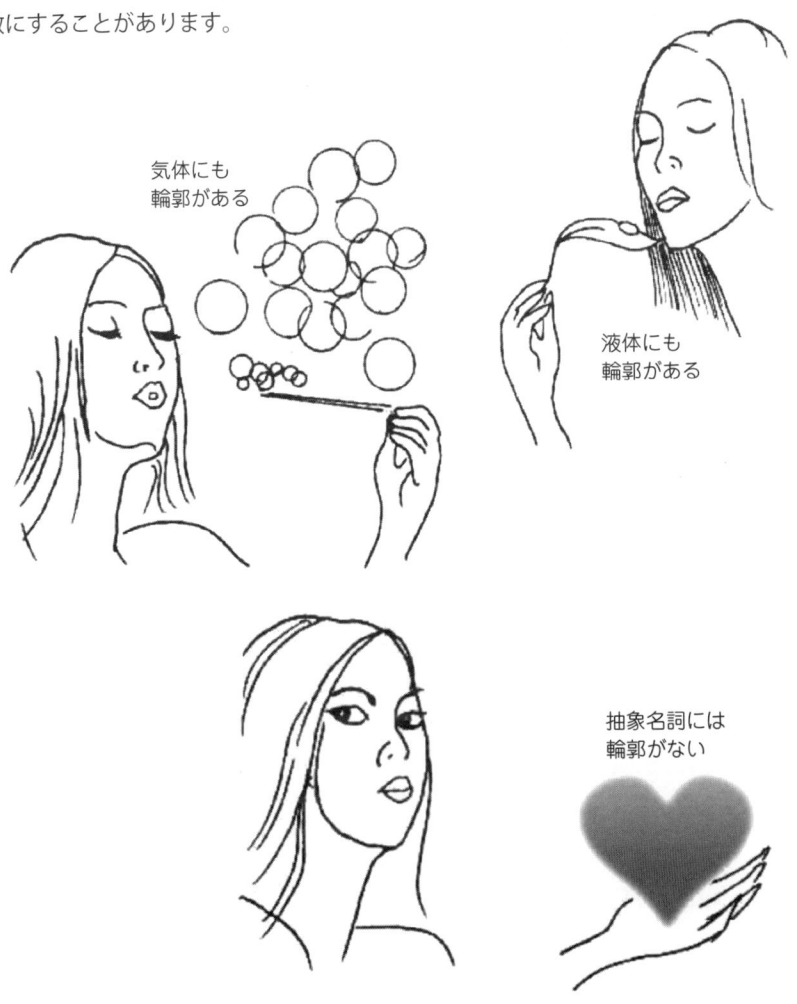

気体にも輪郭がある

液体にも輪郭がある

抽象名詞には輪郭がない

▶形容詞その他

5 形容詞の2用法

　形容詞は名詞の状態を説明する言葉です。例えば、「早い、うまい、安い」は、名詞「牛丼」を後ろから説明するケースです。もう1つは、『美しき青きドナウ』のように名詞「ドナウ」を前から説明しています。

　形状、色、大きさなどを説明する言葉ですから、最も多用されるのは「指名手配書」などにある描写です。以下のポスターは形容詞（下線部）がたくさん使われています。

「迷子の犬」

生後6カ月

（雄の）白いピットブル

青い目

とても人懐っこい

6 冠詞＋形容詞＋名詞

　形容詞が名詞を前から説明する場合、'冠詞＋形容詞＋名詞' の語順になります。冠詞 a(n) および限定詞（the, this, that, these, those と my や your などの所有格）を帽子、形容詞を髪の毛、名詞を顔、と置き換えると、下のような絵になります。

　帽子は必ず1個で、2重にかぶる人はいません。よって、a my friend や my a friend は許されないので a friend of mine（友人の一人）とか one of my friends とします。

　'冠詞（相当語）＋形容詞＋名詞' は99％、この語順ですが、例外の形容詞が数語（all、both および half）あり、'冠詞（相当語句）＋名詞' に先行します。その使用頻度はズバ抜けて高いので、軽視することはできません。

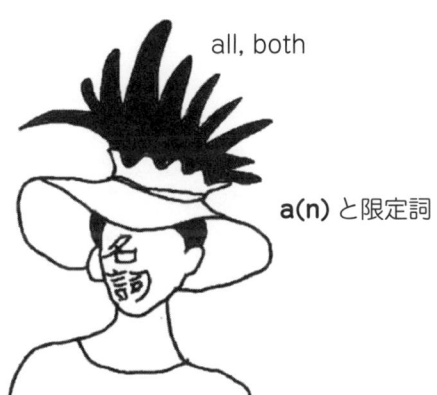

all **the** people：すべての人々
both **my** parents：私の両親
half **an** hour：30分

7 副詞の機能

　副詞の修飾は4とおりあります。主に動詞を修飾します。walk slowly（ゆっくり歩く）とか run fast（速く走る）のように、① 動詞の近くでその動きかたを説明します。次に、② 形容詞と ③ 副詞を修飾します。この場合、副詞の意味は「とっても」とか「非常に」のように、程度を強調する言葉（very, too など）に限られます。very big head（とってもでかい頭）とか walk too slowly（とってもゆっくり歩く）のような語順になります。

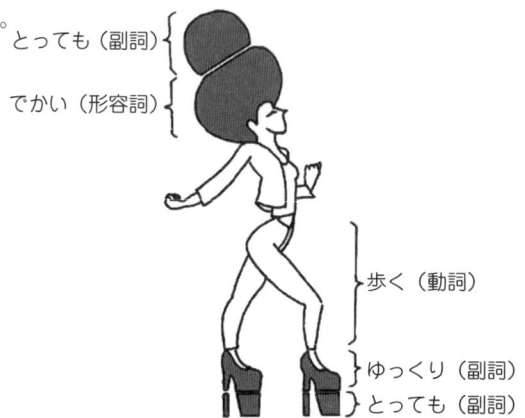

　副詞あるいは疑問副詞（When（いつ）、Where（どこ）、Why（なぜ）、How（どのように））はまた、④ 文全体を修飾することがあります。

Fortunately the weather is good.「幸い、天気が良い」

8 前置詞の機能

　名詞の'前に置いて'その空間的、時間的な場所を表します。日本語にはない発想ですが、例えば「於：浅草寺境内」の「於」がやや近い表現でしょうか。
　　　on [in] the box　　　　　箱の上 [中] に [で]
　　　under [behind] the box　箱の下 [裏] に [で]
　前置詞は、名詞に「接触」する言葉なので、この名詞は「目的語」と位置づけされます。もし前置詞が文中で目的語をとらず宙に浮いていたら、必ず別の場所に隠れていると思ってください。詳しくは、「to- 不定詞」や「関係詞」でやります。

*fight against ～：～と対戦する　sit on ～：～の上に座る

▶ 名詞の人称と代名詞

9 名詞の人称

　名詞は全て3種の人称に分類されます。左図で「自分」と「相手」が第Ⅰ人称と第Ⅱ人称です。それ以外は全て、人も豚も馬も山も第Ⅲ人称に所属します。「物」でも「人称」と呼ばれます。英文法では人称の違いが動詞の語形を決定するので、この分類は重要な知識です。

　特に大切なのは、第Ⅲ人称の単数にいる'ある人'です。この「人」は「神（God）」です。英語の文法を学ぶとき、聖書は貴重な資料を提供してくれます。その文言は格調を重んじるため古い語法を維持していて、現代文法に深く影響を与えています。God に続く動詞形は敬意を表して古い語形を引きずったまま現代に至っています。今日でも God hath（= God has）は聖書中で健在です。現在、第Ⅲ人称単数現在、いわゆる'三単現'という特殊な領域を形成しています。詳しくは次章「三単現」で解説します。

10 代名詞一覧

I	my	me	we	our	us	私	私たち
you	your	you	you	your	you	あなた	あなたがた
he	his	him				彼	彼ら
she	her	her	they	their	them	彼女	彼女ら
it	its	it				それ	それら

you だけが単数領域まで出っ張っているのが見てとれます。これは you が 16 世紀後半、境界線を越え（下では「単複川」）、単数領域に侵入した結果です。先住民 thou を駆逐してしまいました。

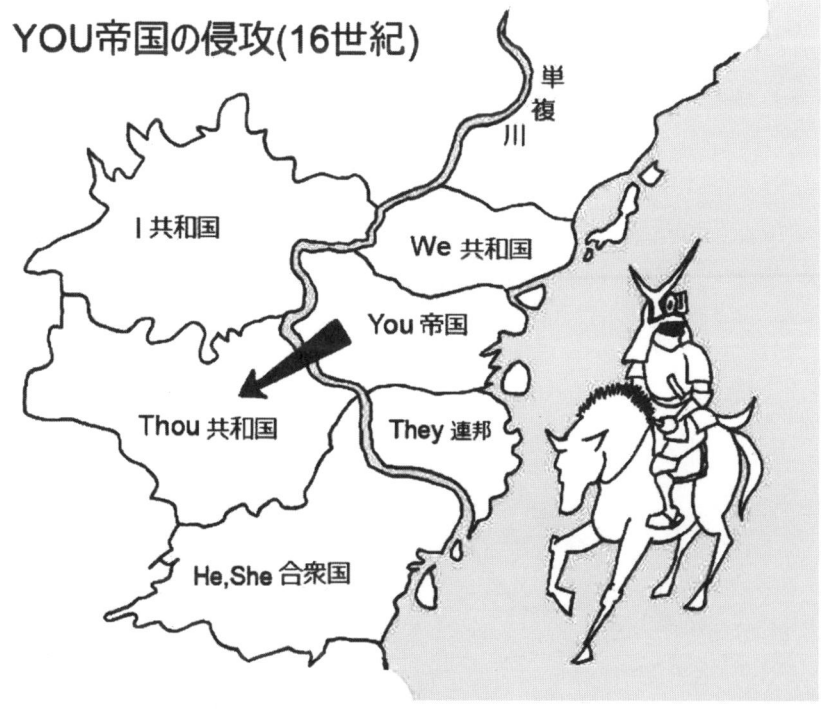

I am/was　　　We are/were
You are/were　　You are/were
(S)he [It] is/was　They are/were

▶代名詞の格

11 代名詞の格（1）

　「私は」は主格、「私の」は所有格、「私を」は目的格と呼びます。それぞれ、I、my、me で表します。英語は格が決まっていて、定位置でしか使えません。

　「私はあなたを愛する」は、主格の I を四角形の穴へ、目的格の you を丸い穴にはめ込みます。主格の You は同綴りですが、丸い穴にははまりません。「愛している」を意味する動詞 love は、対象物の直前にはめ込みます。主格の I を主語（subject）、目的格の you を目的語（object）と呼びます。動詞は verb なので、しばしば S+V+O などと略します。

12 代名詞の格（2）

左の■に主格の You をはめ込み、右の●に目的格の me をはめ込めば、自動的に「あなたは私を愛している」を表すようになります。

一般動詞では、後で詳しくやりますが、否定文になっても、疑問文になっても基本的にこの語順（■♥●）は変わりません。

否定文では■と♥の間に否定的要素を挟みます。疑問文では■♥●の前に助動詞 Do や Did を置きます。しかし、これは、ゴキブリとかハエが一時的に近づいてきたにすぎません。S＋V の語順は不動です。今後、英語を学ぶ上で常に意識しておくべき基本原則です。また、be 動詞の構文と根本的に異なる構造であることも意識すべきでしょう。

13 代名詞の格 (3)

「代名詞一覧」で既に you について触れましたが、他にもいくつか注目すべき格形があります。you と同様、it – its –it は主格と目的格が同形ですが、文脈によって、容易に判別できます。もう1つ、her は目的格と所有格が同形です。her で文が完結しているのか、その後に名詞が続くのかによって、文構造と文意が大きく異なります。

「彼女と結婚します」

「彼女の孫娘と結婚します」

第2章
動詞

英文の構造を支配するのは多くの場合、動詞です。動詞と目的語、あるいは補語の関係をここで学んでほしいです。特に、他動詞がとる目的語とその補語の関係など、複雑な構文に果敢に取り組んでほしいです。

▶動詞の現在と過去

14 動詞の現在形と三単現の -s

　現在を表す文で、第Ⅲ人称の単数（He, She, It など）が主語に来た場合、動詞の語尾に -s がつきます。have は has に変わります。do は does になります。be 動詞でさえ is になります。これを三単現の -s と呼びます。

He [She] **talks**.「彼（女）は語る」

　古い英語では全人称に対し、別個の語尾がついていました（be 動詞参照）。多くのヨーロッパ言語では現代でもこの語尾活用が残っています。英語は、第Ⅲ人称単数を除く全人称で、消滅しました。大切なのは、三単現の -s が過去の遺物であり、何の役にも立っていないということです。名詞語尾 [-s] は複数（例：cats）を表し、アポストロフィー ['s] は「所有」（例：cat's 猫の）を表します。しかし、三単現の -s は何も表しません。

15 否定文をつくる

　一般動詞を否定文にするとき、'do not [don't] ＋動詞の原形' にします。You walk. は You **do**n't walk. になります。助動詞 do は動詞の全活用（三単現の -s、過去形など）を吸収します。生きたブタではなく、ブタの蚊取り線香みたいなものです。

動詞の全活用は
私、助動詞の do が吸い取ります

三単現 -s も
吸い取るの？

　三単現の文を否定文に変えるときは語尾 -s の代わりに、助動詞 do に -s がついて does となります。

　He walks. → He **does**n't walk.

S ならここにある！

16 動詞の過去形

一般動詞の過去形(「〜した」)は基本的に語尾に -ed をつけます。
We walk. → We **walked**.
He walks. → He **walked**.

ほとんどの動詞に当てはまる原則で、規則的活用と呼びます。また、過去形は主語が誰であろうと(人称が何であろうと)同じです。三単現ではないので、相手を選びません。

ただし、わずかですが、不規則に活用する動詞があります。昔はもっと多くの不規則活用動詞がありましたが、どんどん規則的活用に統合されてゆきました。そんな大変革の中で生き残った不規則活用動詞には、それなりの理由があります。いずれも、超頻繁に使う基本動詞で、市民生活に深く根ざしています。1音節の短い語ばかりで、子どもでも使えます。語尾に頼らず、主に語中の母音交替で過去を表現します。

例:eat([i:t] 食べる) ━ **ate** ([eit] 食べた *eight(8)と同じ音)
　　read([ri:d] 読む) ━ **read** ([red] 読んだ *red(赤)と同じ音)

17 過去の否定文をつくる

助動詞 do は過去形では did になり、動詞の「過去」を吸収します。

その結果、全ての人称で 'did not [didn't] ＋原形' になります。

I/We	**did not [did**n't**]** walk
You	**did not [did**n't**]** walk.
He/She	**did not [did**n't**]** walk.
It/They	**did not [did**n't**]** walk.

18 疑問文をつくる

　一般動詞の疑問文をつくるのはきわめて簡単です。助動詞 do(es)、did がスコップで主語を後ろに持ってくれば完成です。

You [They] walk. →	**Do** you [they] walk?	単数 [複数] 現在
He walks. →	**Does** he walk?	三単現
They walked. →	**Did** they walk?	過去

　疑問詞（where：どこ、why：なぜ、what：何、when：いつ、who：誰、how：どうやって）はこれら全てを飛び越え、文頭に置きます。
　Where did you walk?　「あなたはどこを歩きましたか？」

▶助動詞

19 動詞の原形

以下①〜④は三単現 -s を含む現在のブタです。

① He **walks**.
② She **walks**.
③ I **walk**.
④ You **walk**.

③と④の walk は下記の⑤〜⑧の walk と同形に見えますが、まったく別物です。生きたブタと蚊取り線香のブタほど違います。どちらも「ブタ」であることは誰でも認めますが、香取線香には'命'がありません。意味（例：walk「歩く」）は伝えますが、活用（現在とか過去）はしません。

以下の⑤〜⑧がブタの蚊取り線香で、動詞の原形です。原形は必要となればいつでも活用（三単現とか過去形に）します。

⑤ He doesn't **walk**.
⑥ I don't **walk**.
⑦ He didn't **walk**.
⑧ I didn't **walk**.

助動詞 do(es)、did の直後に置かれて、過去や疑問、否定を表します。

原形は命令文でも使われます：

Walk. Don't **run**.
「歩け。走るな（急がば、回れ）」

命令文には主語がなく、したがって人称も関係なく、現在も過去もないので、ただ原形で表現します。原形はまた、不定詞という名で大活躍しますが、これについては後で詳しくやります（→準動詞）。

do と同じ助動詞について次項以降で詳しくやります。

20 助動詞 can と will

助動詞 can と will はそれぞれ、原形の前に置いて「〜することができる」と「〜するだろう、するつもりだ」を表します。

He **walks**.「彼は歩く」 → He **can** walk.「彼は歩くことができる」
They **walk**.「彼らは歩く」 → They **will** walk.「彼らは歩くだろう［つもりだ］」

この胸の中に
飛び込んでこい

助動詞 do と違うのは主語が何であろうと全てを飲み込んでしまうことです。
否定文も疑問文も同様です。

He can **walk**. → He cannot [can't] **walk**.「彼は歩くことができない」→ Can he **walk**?「彼は歩くことができるか？」、They **walk**. → They will not **walk**.「彼らは歩かないだろう」 → Will they **walk**?「彼らは歩くだろうか？」

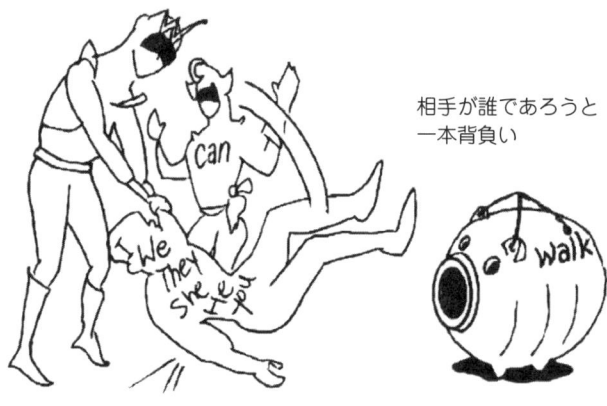

相手が誰であろうと
一本背負い

21 could と would (1)

　can と will、それぞれ過去形は could と would ですが、困ったことに、「過去」を表しません。一時的な「可能」、例えば I could pass the exam. で「試験に合格できた」にはならず、I would pass the exam で「合格するつもりだった [しただろう]」にならないのです。大昔は「過去」を表していましたが、徐々に、別の用途へ転身していきました。

「過去」は
着てても

　could は「〜できた」にならずに「〜できたらいいのに」に、would は「〜するつもりだった [しただろう]」にならずに「〜するつもりだったらいいのに」に大変身しました。

　外見は「過去」なのに、意味は「現在」になってしまったのです。

中身は「現在」

　結局、「過去」とは縁が切れて、ひどく丁寧な表現に応用されるだけになってゆきました。

22 could と would (2)

外見だけ「過去」の could と would は、今日、人に何かを頼むときなどに、Could you ～? や Would you ～? の構文で多用されます。

Could you help me? 　　「手伝っていただけませんか？」①
Would you marry me? 　「私と結婚してくれませんか？」②

原義はそれぞれ、①「あなたが私を手伝うことができたらいいのになあ」、②「あなたが私と結婚するつもりだったらいいのになあ」です。

まるで、仮想世界をさまよっているような言い方をして、謙虚さを表現しています。こういう表現法を「仮定法」(「仮定法」参照) と言います。ただし、否定の I could not pass the exam は単純過去で「合格できなかった」を表現できます。これは、否定の「～できなかったらいいのに」が仮定法になりにくかったため、古い過去用法が生き残ったためです。

過去形助動詞の should do (～すべきだ) もこの仲間です。現在形 shall はほとんど廃れてしまっています。

23 be going to と be able to

「過去」の意味を失った could と would は別の表現で補われています。'can do = be able to do' なので、その過去形 was [were] able to do が「〜することができた」を担っています。

I **was able to** pass the exam yesterday.「昨日、試験に合格することができた」

'will do = be going to do' なので、その過去形 was [were] going to do が「〜するつもりだった」を担っています。

I **was going to** visit my aunt.「叔母を訪ねるつもりだった」

24 will + can の語順

　助動詞は2個連続で使えません。will can とか can will の語順は許されないので、仮に「できる (can) +だろう (will)」と言いたい場合は、代わりの語を補って表現します。will を生かして、can を be able to に置き換え、will be able to do（〜することができるだろう）とします。

　You **will be able to** pass the exam.「あなたは試験に合格できるだろう」

助動詞の…

二人乗りは許されません

　同様に、「〜しなければならないだろう」を表現する場合は、will must は使えません。must と同意の have to を補充し、will have to do とします。

　You **will have to** study hard.
　「あなたは懸命に勉強しなければならないだろう」

26

25 助動詞の用法、全比較

　助動詞の do は一般動詞の do（〜する）と違って、意味を持ちません。否定文や疑問文をつくるときに道具として利用するだけで、訳す必要のない語です。

26 助動詞の do と動詞の do

　道具として使うだけの助動詞 do ですが、その使用頻度は本動詞 do をはるかに上回ります。助動詞 do は言うまでもなく本動詞 do から派生した語ですが、疑問文や否定文をつくる道具として引っ張りだこです。

　また、How do you do?（はじめまして）とか Don't do it.（そんなことをするな）のように、本動詞 do と同じ文中で使われることもあります。

　助動詞の do は疑問文に対する答えの中で、肯定するときは Yes, I do. 否定するとき No, I don't. などと用いて、同一動詞の反復を避ける働きもあります。しかし、これも「意味」はありません。

27 助動詞 do だけが持つ特徴

否定文や疑問文をつくる do は「助動詞」に分類されますが、他の助動詞と異なる性質がいくつかあります。どちらも、概して曖昧な点が多いです。次の比較表でまとめておきましょう。

	意味	過去に関して	三単現の主語に
can, will, must, should	ある	曖昧	反応しない
do	ない	did で対応	does で対応

▶ be 動詞

28 be 動詞

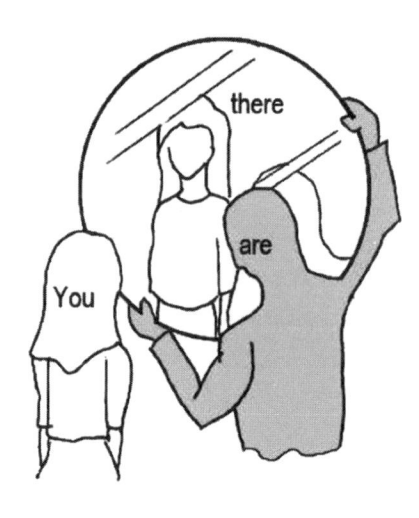

　be 動詞は一般動詞のように、主語が「何かをする」という動きではありません。どちらかというと、主語とその状態を映す鏡の間に立つ媒介の働きです。左のような位置関係になり、「君は（幸せ）である」とか「君は（そこ）にいる」を表します。

　結果的に、「状態（～である）」と「存在（～にある、いる）」を表すことになります。

You **are** happy.
「君は幸せだ」（状態）
You **are** there.
「君はそこにいる」（存在）
He **is** a pro soccer player.
「彼はプロのサッカー選手だ」（状態）
He **is** at Real Madrid now.
「彼は今レアル・マドリド でプレーしている」（存在）

　しかし、根本的に一般動詞とは水と油の関係で、いかなる局面でも交わることはありません。その典型例が否定文と疑問文の構造です。

29 be 動詞の疑問文と否定文

疑問文は簡単で、ただ主語と be 動詞の位置が逆転するだけです。どんな主語でも、現在でも過去でも、常に一定です。

Are you happy?
「君は幸せかい？」
Are you there?
「そこにいる？」

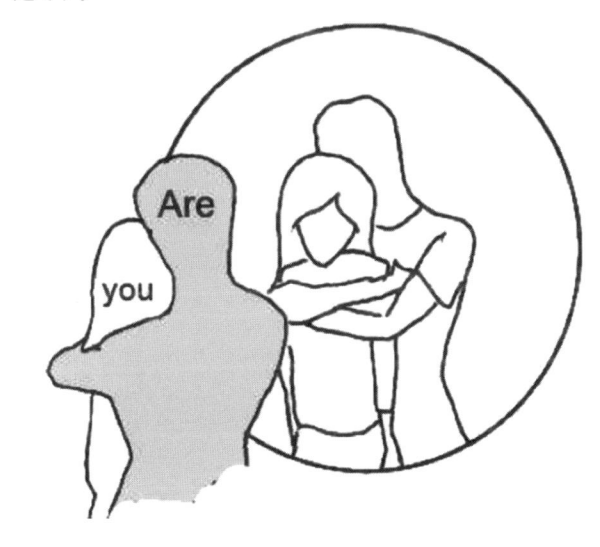

否定文は、be 動詞の後に not をはさむだけです。これも主語や時制に関係なく共通の構造です。

You are **not** [aren't] happy.
「君は幸せじゃない」

鏡に映った主語の様子 happy は「（主語の）補語」と呼ばれます。省略記号はＣで complement（補完するもの）の頭文字です。

30 be 動詞に似た一般動詞（1）

　この動詞群は補語（C）をとるので「不完全自動詞」と呼ばれます。Cの要素は形容詞か名詞です。

【 S は C に見える (look, seem, appear)】

　前項でやった be 動詞がそのまま look や seem に代わるだけで、本質は変わりません。「幸せだ」が「幸せみたい」になるだけの話です。

　You **look** happy.「幸せそうだね」

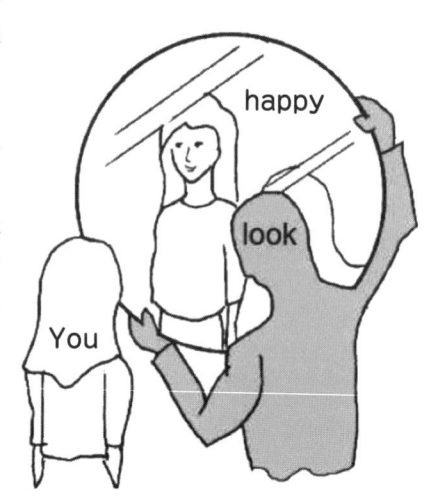

【S は C になる (become, get)】

　become は見てのとおり、be 動詞と come が合体した語です。come は「移動」を表すので、S（主語）とC（補語）の間には距離が生まれます。「いきなり〜になる」のではなく、「徐々に〜になる」というニュアンスを含みます。

　You **become** happy.
　「君は幸せになる」

31 be 動詞に似た一般動詞 (2)

　同じく「SはCになる」を意味する構文に S come [go] C があります。やはり「移動（行く、来る）」を表す come と go が関わっています。
　Your dream will **come** true.「あなたの夢は叶うでしょう」
　The milk **went** sour.「牛乳が酸っぱくなった [腐った]」 *went ＜ go の過去形
　もう1つ、同様の意味を表す超重要動詞に get があります。しかし、get は「移動」を表す動詞ではなく、本来「～をゲットする、獲得する」を意味する他動詞（次項）です。そこで、なぜ意味が変遷したかを絵で示します。

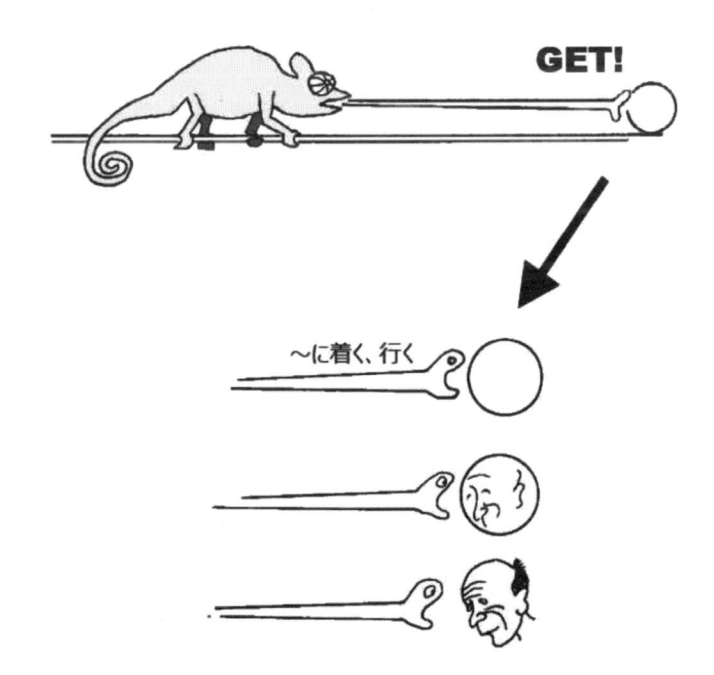

　物を「獲得する」には、手や'舌'を伸ばします。この行為は対象物に「接近、接触」することであり、「～に着く、行く」の意味が発生します。get home で「家に帰る」になります。home が別の形容詞にとって代われば、「～の状態になる」を表すわけです。
　get old [wet, angry, nervous]：歳をとる [濡れる、怒る、いらいらする]

▶自動詞と他動詞

32 自動詞と他動詞の違い

　他動詞は'他者'と「接触」します。有形、無形を問わず、何かに接触しなければ、他動詞は発生しません。他者を巻き込まない場合は自動詞です。よって、ただ「風が吹く」は The wind blows. で、自動詞です。

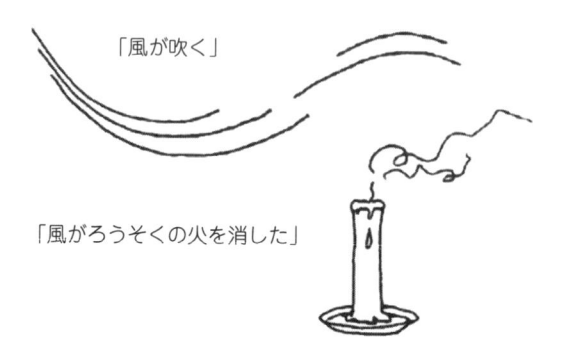

「風が吹く」

「風がろうそくの火を消した」

　「風がろうそくの火を吹き消した」なら The wind blew the candle out. で他動詞になります。このように、同じ動詞でも自動詞と他動詞の両用を兼ねるケースが少なからずあります。したがって、自動詞と他動詞はあくまでも文中で区別されるべきものです。

　Walk.（歩け）は自動詞ですが、Walk your bike.（自転車を押して歩け＊いずれも道路標識）となれば、他動詞です。後者は近年、発達した語義です。このように、後に他動詞用法が追加される例もあります。自動詞の場合、'S（主語）＋V（動詞）'だけで完成された1個のメッセージを伝えているので、完全自動詞と呼ばれます。

33 他動詞と目的語

　他動詞は物理的「接触」を基本条件とします。これを象徴する contact（(人) と接触する、連絡をとる)、touch（〜に触れる）、reach（〜に達する）、approach（〜に接近する）などは他動詞です。逆に、接触していたものを「置き去りにする (leave)」もこのグループに属します。

　「目と目が合う」や「感情のぶつかり合い」なども、この「接触」に含まれます。

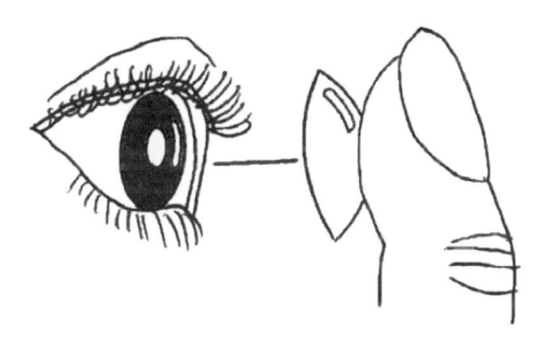

　したがって、love（愛する）や hate（嫌悪する）などの強い感情を表すのは他動詞です。

　しかしながら、他動詞 approach（〜に接近する）と類義の arrive（到着する）はなぜか自動詞です。結局、他動詞と自動詞の使い分けは日本語の定義では割り切れません。多くの用例に当たり、英語の発想を体感するしかないでしょう。

34 approach と arrive

　arrive は自動詞 come（来る）と同じ性質です。辞書にも「着く、到着する、来る」と定義づけされています。arrive に対応する depart（出発する）も自動詞です。depart は自動詞 start（出発する）と同じ性質です。したがって、arrive は目的語をとることができません。arrive を対象物（目的地）と接触させるには、元々、目的語をとる機能を有する前置詞（at や in）を追加しなければなりません。
　arrive の自動詞グループと approach の他動詞グループは英語の発想では次のようにイメージされているようです。

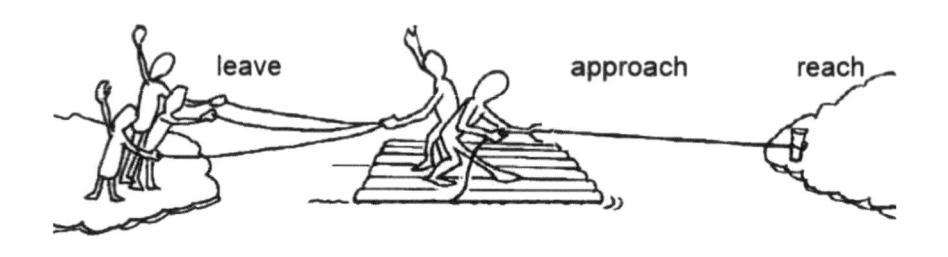

　すなわち、他動詞グループはロープやテープを絆として、岸と'接触'しています。leave は相手が人なら、「置いて去る」を、場所なら「(New York) を（置いて）去る→(New York) を去る」の意味になり、「接触」があったことを前提とします。
　いっぽう、arrive のグループは岸との絆がないので、「接触」を表すにはそれぞれ前置詞をつける必要があります。

35 see と look at

　see（見る）は他動詞で目的語をとります。しかし、ほぼ同意で、look at ～（～を見る）があります。こちらは前置詞を加えて他動詞化しています。この look（見る）と既にやった 'S look C' の look（見える）がなぜ、同じ動詞なのか、誰もが不可解に感じるはずです。ここに、自動詞と他動詞の違いに関する発想の難しさがあります。

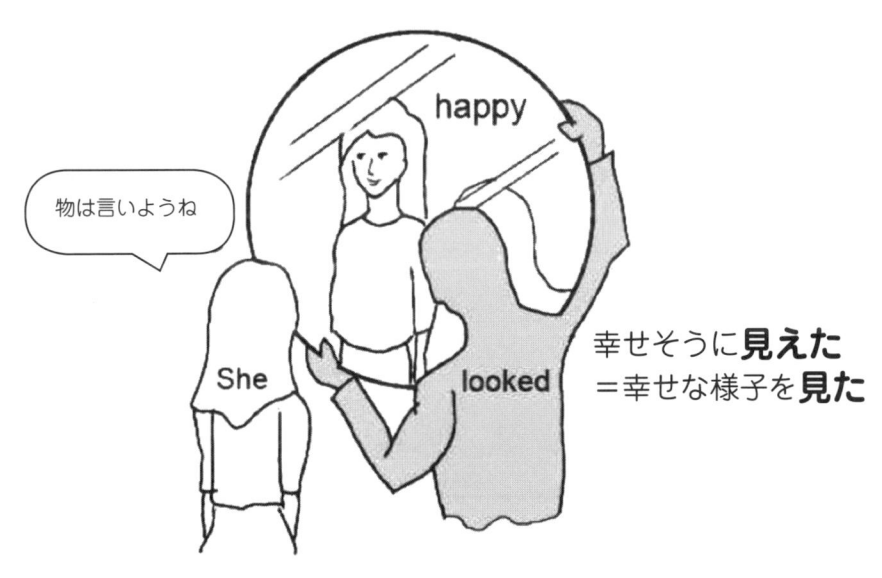

物は言いようね

happy
She looked

幸せそうに**見えた**
＝幸せな様子を**見た**

　この絵にあるとおり、「彼女は幸せそうに見えた」を「彼女の幸せな様子を見た」に変えるだけで、「見えた」が「見た」になるのです。主語の言い方次第だということです。
　英語では、五感に関する全ての動詞で、この'自動詞⇔他動詞'の交替が見られます。

　　S look C.　　　「SはCに見える」（自）　　⇔　「SのCを見る」（他）
　　S taste C.　　　「SはCの味がする」（自）　⇔　「SのCを味わう」（他）
　　S sound C.　　「SはCの音がする」（自）　⇔　「SのCを聞く」（他）
　　S feel C.　　　　「SはCの感触がある」（自）⇔　「SのCを感じる」（他）
　　S smell C.　　　「SはCの臭いがする」（自）⇔　「SのCを嗅ぐ」（他）

36 定義に惑わされる他動詞（1）

　単に日本語の定義が「他動詞らしくない」と感じさせるケースがあります。意地悪な言い方をすれば、日本の英語学習者が'勝手に'「自動詞と他動詞の区別が難しい」と混乱しているだけ、ということになります。個々の状況（①～⑦）を検討してみましょう。
　次の①～⑤のグループは明らかに「接触」を前提とする典型的な他動詞です。
　①【attend】「（会など）に出席する、（儀式）に参列する」「（人）に随行する、付き添う」
　②【follow, obey, accompany】「～に続く、従う、同行する」
　③【join, marry】「（団体など）に加わる」「（人）と結婚する」
　④【enter】「（場所）に入る」*into (the room) が enter (the room) に動詞化したもの
　⑤【mention, discuss】「（話題など）に触れる」「（話題）について論じ合う」
　総合的に図案化すると、おおむね１つの情景に集約することができます。

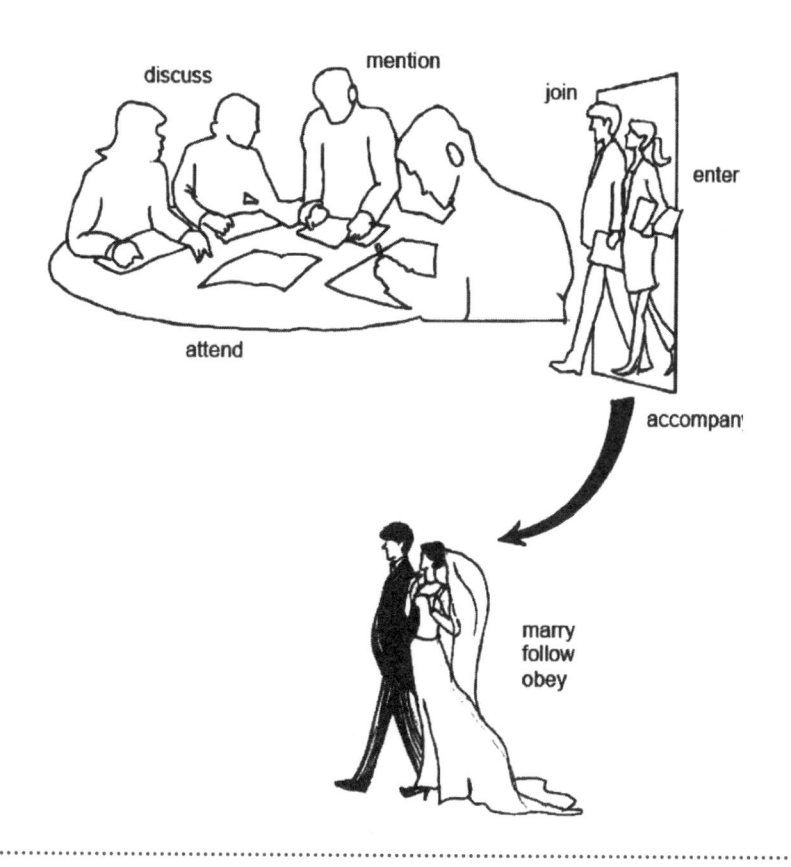

37 定義に惑わされる他動詞（2）

次の⑥⑦のケースはいずれも相手と'並んで接触する'他動詞的行為です。

⑥【resemble】S resemble O. で「SはOに似ている」
⑦【survive, excel】「（災害など）で生きながらえる」「（人）に勝る」

⑥は「～に」が邪魔をして、resemble to ～としがちですが、英語の発想ではreflect ～（～を反映する）と同じ他動詞です。下図のごとく中心線を境に「接触」が見られます。

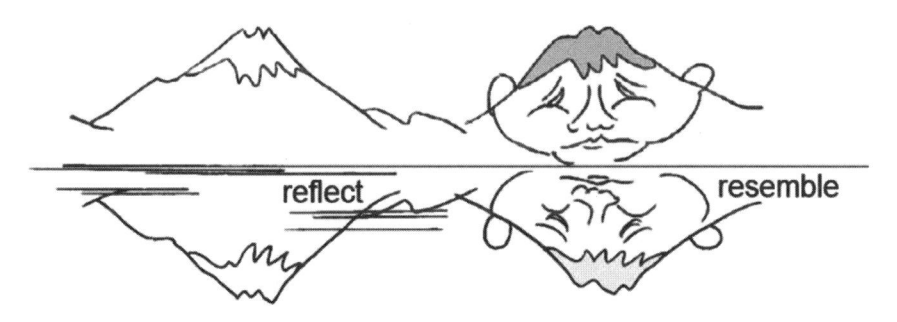

She **resembles** her mother.
「彼女は母親に似ている（＝彼女は母親を映し出している）」
The lake **reflects** Mt. Fuji.
「湖面に富士が映っている（＝湖が富士を映している）」

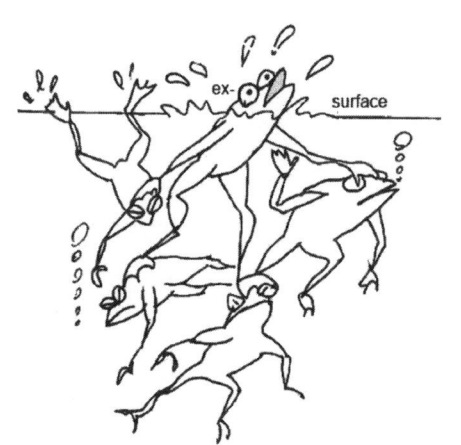

⑦はいずれも「相手を打ち負かす」を表す他動詞で defeat（～を打ち負かす）と同質です。survive の原義は「～を超えて生き残る」で、excel は「～を押さえて頭一つ出る」です。sur- は surface（上面）にあり、ex- は exit（出口）にもある要素です。

38 人を目的語にとる動詞 (1)

　「人に言う[話す]」となれば、必ず'相手'がいるものと思いがちです。しかし、英語では、「言う[話す]＋人」の語順はありません。最も「人」をとりそうな say（言う）でさえ、ただ「言う」だけです。suggest（提案する）は「暗に言う」に等しいので、say と同じ構造です。complain（不平を言う）も「独りぶつぶつ言う」だけです。speak と talk は意味が違います。explain（説明する）も「人」をとりません。これらの動詞に「人」を想定するのはあくまでも日本語の発想です。まるで幽霊に話しかけているようなものです。

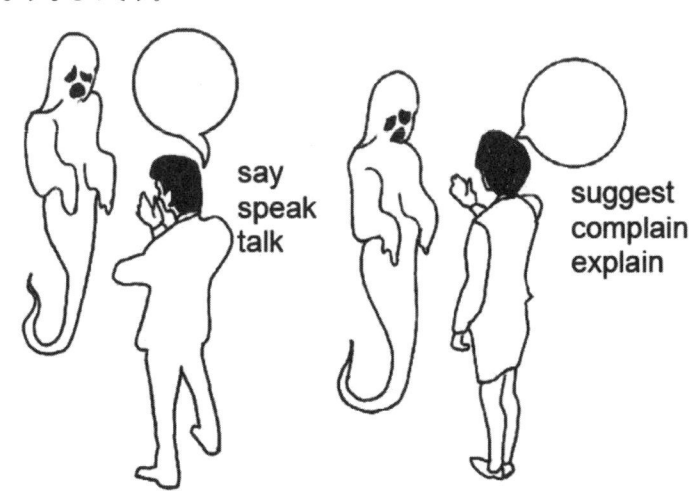

say speak talk

suggest complain explain

誰に謝っているの？　　何を謝っているの？

　それでも、これらの動詞は話す内容（上の絵では'吹き出し'）があるからまだましです。相手もいない、話す内容もない、という孤独な動詞（完全自動詞）があります。「謝る」を意味する apologize は一切の目的語をとりません。be sorry for 〜（〜のことで謝る）とまったく同じ語法です。

I must **apologize** for the delay.
「遅れたことをお詫びします」

39 人を目的語にとる動詞 (2)

　直後に「人」を置いて、「(情報)を伝える、話す」動詞は tell しかありません。「(情報)を与える」ので、give (与える)とか teach (教える)と同じ構造をとります。'tell ＋人＋情報'の語順で、「人に(情報)を伝える」を表します。

I told **him** the way to the station.「彼に駅へ行く道を教えた」

　この構文を代表する動詞は言うまでもなく give (与える) です。下の絵でリンゴは直接(釣り竿を通して)主語と'接触'しているので、「直接目的語」と呼ばれます。リンゴを与える相手は「間接目的語」と呼ばれます。語順は'give ＋人＋リンゴ'で「人にリンゴを与える」を意味します。

I'll give **him** an apple.「彼にリンゴを与えよう」

　次項で、この構文(S+V+O+O)をとる動詞について検討してゆきます。

▶ SVOO と SVOC の構文

40 直接目的語と間接目的語（1）

　この構文は文末に an apple が来て初めて文全体が整います。他の構文のように前から順に読み進めることはできません。例えば、I'll give him でいったん切って訳すことはできません。「彼を（誰かに）あげちゃおう」になってしまうので、文意が崩壊します。つまり、眼前のリンゴを取り去ってしまうと、馬はやる気を失い、進まなくなってしまうということです。

リンゴがない…

　このような構造をとる動詞は「与える物」と「与える相手」を同時に必要とします。他に buy（人に〜を買ってあげる）、send（人に〜を送る）、show（人に〜を見せる）make（人に〜を作ってあげる）などがあります。例えば、I bought him a new DVD.（彼に新しい DVD を買ってあげた）において、I bought him で切って訳すことはできません。「彼を買った」になってしまい、矛盾が生じるからです。

41 直接目的語と間接目的語 (2)

この構文はまた、'リンゴ' の代わりにリンゴの '写真' を吊るしても馬は動きません。すなわち、代名詞 it を置いて give him it とすることはできません。

写真かよ

send me it とか showed him it なども許されません。この場合は、S＋V＋O に 'to＋人（人に）' とか 'for＋人（人のために）' を加えて、give it [an apple] to him（彼にそれ [リンゴ] を与える）とか make coffee for him（彼にコーヒーをいれてあげる）とします。この構造なら、どんな名詞でも応用自在です。ただし、背後から投げるように与えるので、馬には an apple なのか it なのか分からないし、受け取れたかどうかも保障されません。

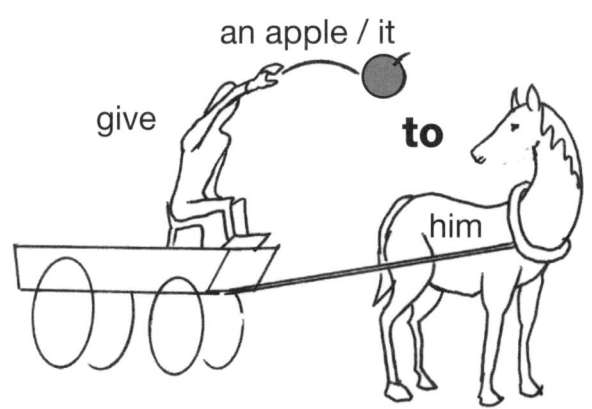

前項でやった「話す」や「言う」の動詞（say, speak, talk, suggest, complain, explain）のいずれも、'to＋人' なら使えます。'apologize to＋人' も OK です。

42 直接目的語と間接目的語 (3)

　tell（人に〜を伝える）、ask（人に〜をたずねる）、teach（人に〜を教える）、envy（人の〜を羨む）なども大雑把なくくりでは同じグループに属します。しかし、これらの動詞と目的語の関係を分析すると、ちょっと異なる性質が見えてきます。

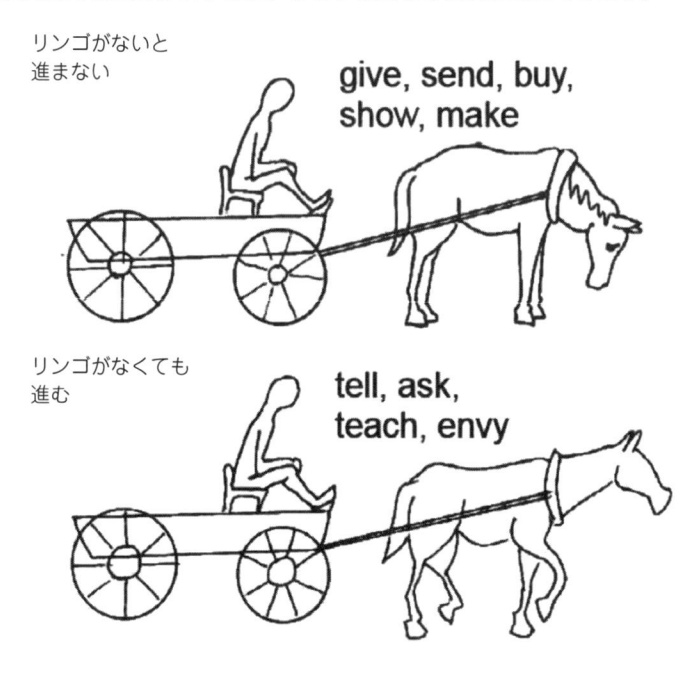

リンゴがないと
進まない

give, send, buy, show, make

リンゴがなくても
進む

tell, ask, teach, envy

　例えば、I told him the truth.（私は彼に真実を伝えた）において、I told him.（私は彼に伝えた）も I told the truth.（私は真実を伝えた）も英文として成立します。つまり、リンゴの有無に関わらず、馬は前進するということです。Ｓ＋Ｖ＋Ｏ＋Ｏ構文はその歴史的形成過程で、2つの異なる構文を強引に1つに統一してしまったため、今日、このようなズレが生じています。これら2個の目的語は対等なので差別して扱うべきではありません。

　Don't ask me my name.（俺に名前を聞くな）において、Don't ask me. も Don't ask my name. も成立します。People envy him his wealth.（人々は彼の富を羨む）で、People envy him.（彼を羨む）も People envy his wealth.（彼の富を羨む）も可能です。Mr. Johnson teaches us English.（Johnson先生が私たちに英語を教える）でも、Mr. Johnson teaches us. も Mr. Johnson teaches English. も可能です。

43 S+V+O+C(1)

　文を構成する要素が4個（S+V+O+C）になるので、前項のS+V+O+Oと混同しがちですが、本質が異なります。両構文をとる make の例で比較しましょう。

　make her a cup of coffee（彼女にコーヒーをいれてあげる）がS+V+O+Oで、make her happy（彼女を幸せにする）がS+V+O+Cで、'O is C' の関係が成立します。違いをはっきり確認したいなら、her に「I'm C（私はCです）」と言わせてみればいいでしょう。矛盾（「私は一杯のコーヒーです」）が生じたら、S+V+O+Oだということです。

44 S+V+O+C(2)

　この構文をとる各動詞を最初から具体的に紹介してゆきます。典型的な例は make で、「作る」という意味が発展すると、「（人）を〜にする」になります。I make her happy. なら、「私は彼女を幸せにする」を表します。絵にあるとおり、happy は補語（Complement）です。この場合、「目的語（O）の補語（C）」と呼ばれます。この構文をとる動詞は他に、call/name（OをCと呼ぶ、名づける）、elect（OをC（議長など）に選ぶ）、find（OがCであるとわかる）、believe（OがCであると信じる））、keep/leave（OをCのままにしておく）などがあります。とにかく、Oに「私はCです」と言わせながら検討してみましょう。

We **named** our dog Max.
「我が家の犬を Max と命名した」

We **elected** him chairman.
「我々は彼を議長に選出した」

45 S+V+O+C(3)

findのように、S+V+O（Oを見つける）とS+V+O+C（OがCであることを見つける、OがCであると分かる）の両構文をとる動詞は注意が必要です。

I found an **interesting** book.（S+V+O）
「面白い本を見つけた」

この文は単に「面白い本を見つけた」で、前後のいきさつには触れていません。

I found the book **interesting**.（S+V+O+C）
「その本が面白いことが分かった」

この文は本を開いてみて[読んでみて]初めて「面白い」と気がついたことを暗示します。

第3章
準動詞

本書でも最多の頁数を割いているのがこの項目です。それほど準動詞は頻繁に現れる要素なのです。しかし、徹底的にマスターすれば、その分だけ、英文がスラスラ理解できるようになります。中でも to- 不定詞の機能が最も煩雑ですから、端から確実に切り崩していってください。

▶現在分詞と過去分詞

46 準動詞―準動詞と品詞

　準動詞は入り組んでいます。いわば'品詞のハーフ'です。母親は常に「動詞」です。父親が「形容詞」か「副詞」の場合、分詞と呼ばれます。父親が名詞なら文字通り「動名詞」です。「不定詞」では、父親は「名詞」「形容詞」「副詞」と3人います。

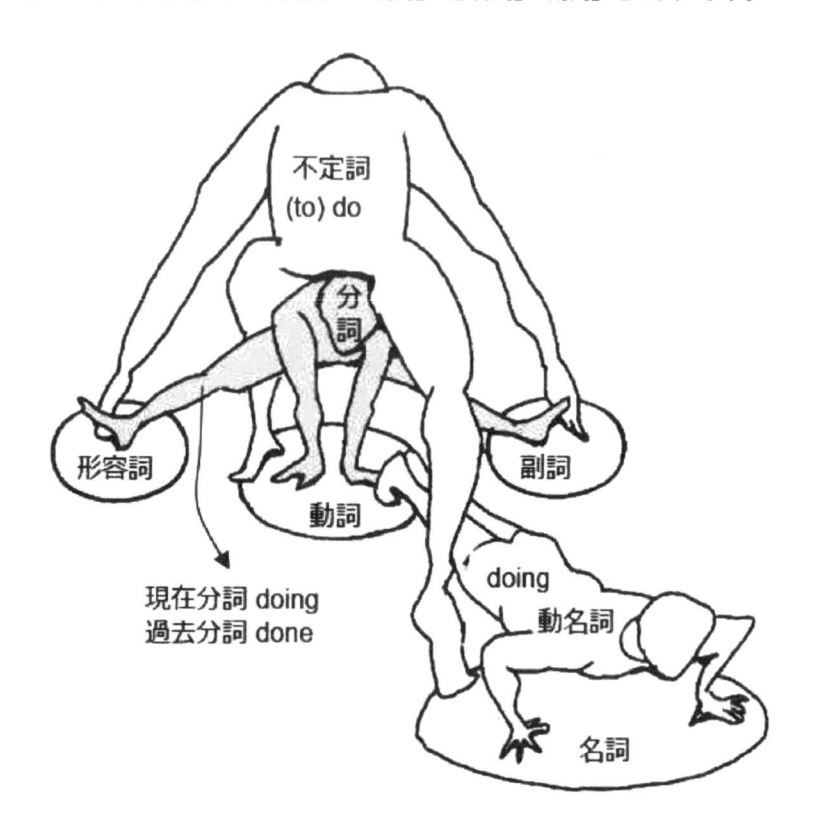

　動詞の持っている'動き'と、他の品詞の機能を兼ね備えた言葉です。例えば、動詞 walk（歩く）に名詞的語尾 -ing（～すること）を合わせた「歩くこと、散歩」が動名詞 walking です。分詞は現在分詞（doing）と過去分詞（done）に大別され、形容詞の働きをします。前者は動名詞と同形になります。「歩く」に形容詞の機能を合わせると「歩く［歩いている］（人）」になりますが、a walking man で表されます。不定詞の語形は (to) do で、その用法は準動詞中、最も多様で、名詞、形容詞、副詞の全ての機能を兼任します。

47 分詞の定義

2つの品詞に分かれる詞（ことば）なので、「分詞」と呼ばれます。さらに、動詞と形容詞にまたがる用法は単に「分詞」、副詞にまたがる用法は「分詞構文」と呼ばれます。「分詞構文」は上級レベルで難解です。残念ながら本書では扱っていません。

a **flying** chicken

fried chicken

　現在分詞 doing と過去分詞 done のおおまかな違いをまず示しておきましょう。
　fly（飛ぶ）の現在分詞 flying は「飛んでいる」で、やや進行中の意味を表します。a flying chicken は「飛んでいるニワトリ」です。fry（揚げる）の過去分詞 fried は「揚げ（られ）た」で、「完了」および「受動」のニュアンスを帯びます。
　過去分詞形は規則活用の動詞では過去形と同形（例：fry – fried –fried）です。不規則活用（例：fly – flew –flown）はそれぞれ覚えるしかありません。

48 分詞の位置

分詞は形容詞と同じ要素なので、通常は、名詞の前に置かれます。余分な要素（副詞的要素など）が混じる場合は名詞の後ろに置かれます。

a chicken flying over the fence

「柵を越えて飛んでいるニワトリ」と直訳されます。over the fence が副詞の要素です。
　A chicken **is** flying over the fence. なら「ニワトリが柵を越えて飛んでいる」になります。

chicken fried by my grandpa

「おじいちゃんに揚げられたチキン」と直訳されます。by my grandpa は「おじいちゃんによって」を意味する副詞的要素です。Chicken **was** fried by my grandpa. なら「鶏肉がおじいちゃんによって揚げられた」になります。

49 現在分詞 vs 過去分詞 (1)

英語では、感情を起こすのは外的要因にあると考えられているため、現在分詞と過去分詞の対立が最も顕著に現れます。以下のシチュエーションで、テレビ番組の内容が exciting で、テレビのガラス面に映る自分の顔が excited になります。

exciting：人を興奮させるような、おもしろい
excited：興奮した
surprising：人をびっくりさせるような
surprised：びっくりした

amusing：人を楽しませる
amused：よろこんでいる、楽しんでいる
disappointing：人をがっかりさせるような
disappointed：がっかりした

50 現在分詞 vs 過去分詞 (2)

　目、腕、足など、閉じたり、曲げたり、変形できる人体の部位は他動詞の目的語であり、全て過去分詞で表されることを確認しておきましょう。英語の発想では、人形浄瑠璃で黒子が各部を動かすのと同様に考えられているのです。

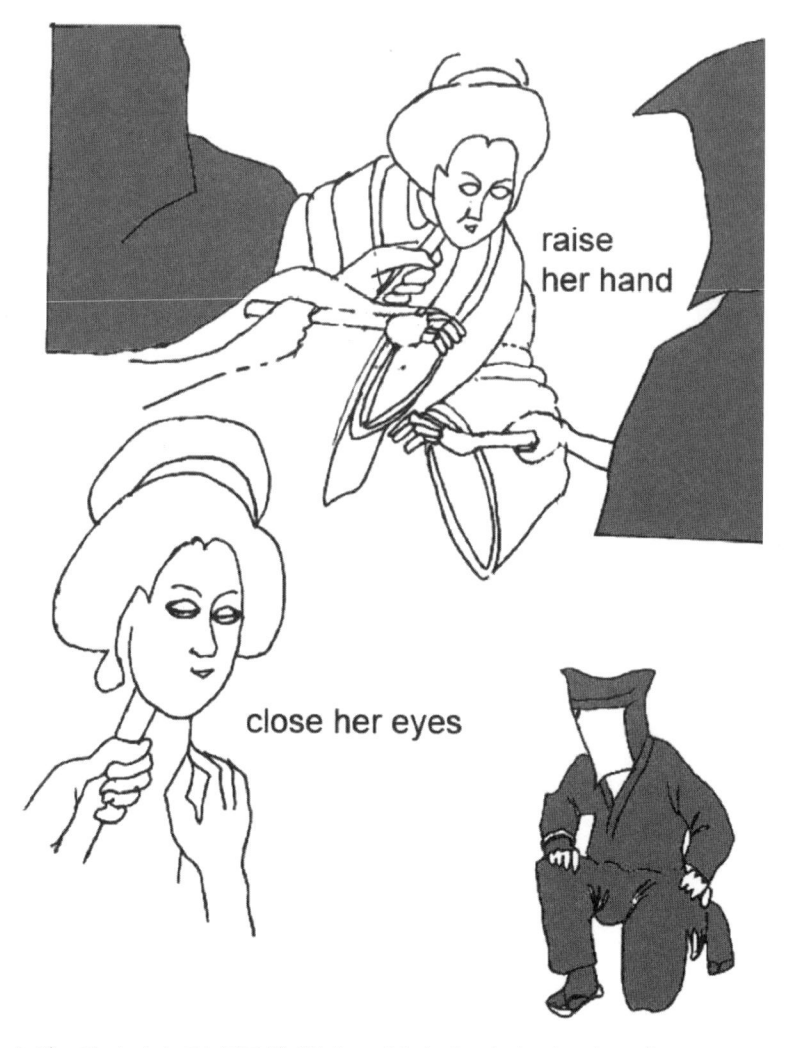

raise her hand

close her eyes

　したがって、あくまでも黒子が「彼女の手を上げる (raise her hand)」あるいは「彼女の目を閉じる (close her eyes)」のです。

51 現在分詞 vs 過去分詞 (3)

仏像の姿を借りて過去分詞の例を図示してゆきます。付帯状況構文（with ＋<u>名詞</u>＋分詞～「―が～の状態で」）で、試験にもよく出題されます。He sat with …. で文が始まるという前提で見てください。

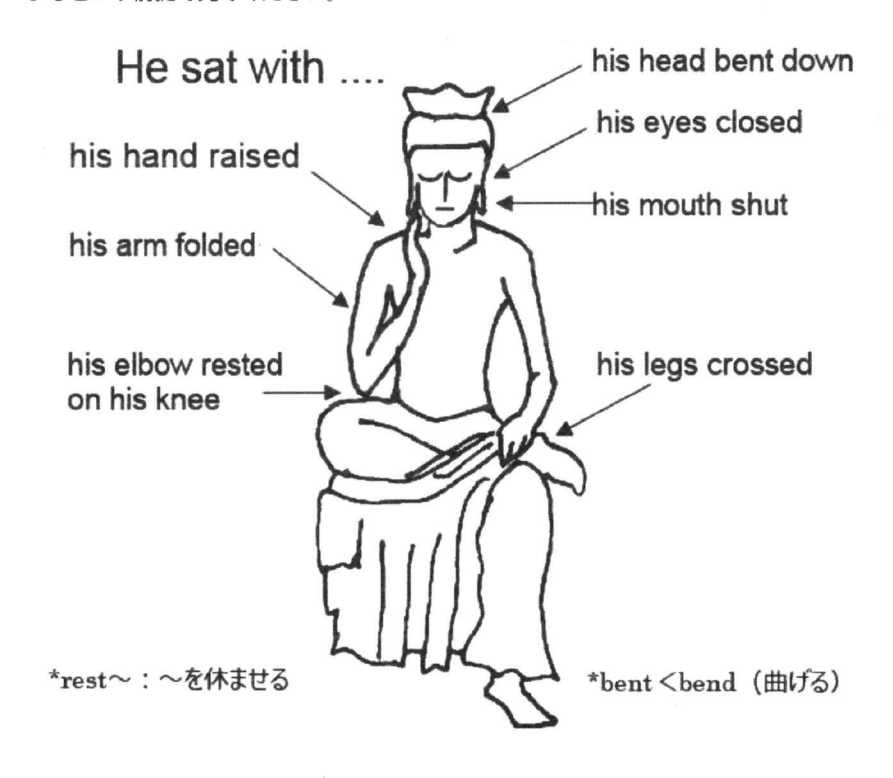

He sat with ....
- his head bent down
- his eyes closed
- his mouth shut
- his hand raised
- his arm folded
- his elbow rested on his knee
- his legs crossed

*rest～：～を休ませる　　*bent ＜ bend（曲げる）

He sat with his head **bent** down [eyes **closed**, hand **raised**, mouth **shut**, legs **crossed**, arm **folded**, elbow **rested** on his knee].
「彼はうつむいて [目を閉じて、手を上げて、口を閉じて、足を交差させて、腕を折り曲げて、肘を膝に置いて] 座っていた」

いずれも、もしそばに黒子がいたら、手を差し伸べ整えることのできる体勢であることが共通しています。

52 現在分詞 vs 過去分詞（4）

　身体の部位でも、'黒子'が閉じたり、曲げたりできない場合は自動詞なので、現在分詞で表されます。言い換えると、勝手に動く身体部位は自動詞だということです。

She talked, with her eyes **shining** [her heart **beating** violently].
「彼女は目を輝かせながら [心臓を高鳴らせて] 話をした」

　また、自然の法則（重力や風力）に従う場合も自動詞なので、現在分詞で表現します。

She sat, with tears **running** down her cheeks [her tongue **hanging** down].
「彼女は頬に涙を流して [舌をだらっと垂らして] 座っていた」

She sat on the beach with her hair **waving** in the wind.
「 彼女は髪を風になびかせて浜辺に座っていた」

53 分詞 vs 形容詞

　分詞の中には、日常語としてすっかり定着してしまって、改めて'分詞'だと意識しない語もあります。しかも、知らなくても何の不自由も感じません。したがって、この種の分詞を理解する上で大切なのは、あまり「受動」とか「進行中」の行為として分析せず、形容詞として扱うことです。

　最も極端な例は be ashamed of〜（〜を恥じている）における ashamed という語形です。本来は過去分詞でしたが、遠い昔に原形は廃れてしまい、形容詞としてのみ生き残っています。今日、この語に「受動」の意味を探る人はいません。

　同じく、be willing to do（快く―する）の willing や charm（魅了する）の現在分詞形 charming（魅力的な）もそのつど動詞形を思い起こす人はいません。

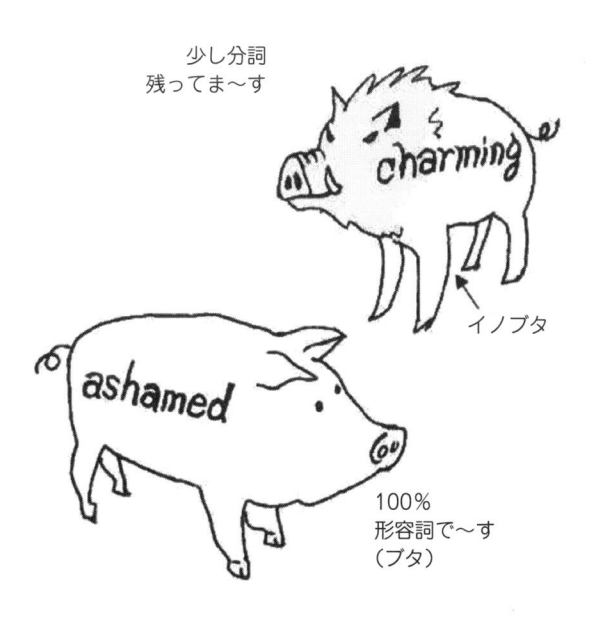

少し分詞
残ってま〜す

イノブタ

100%
形容詞で〜す
（ブタ）

　be born（生まれる）は最も頻繁に使う「受動」構造ですが、改めてそのことを意識する人はいません。I was born in 1949. は「私は1949年に生まれた」と解釈できれば、それ以上何も考える必要はないのです。interesting（面白い）や tired（疲れた、飽きた）なども同様に扱われるべきです。

54 進行形と受動態

　現在分詞（語形は doing で代表）は '単独で' 進行中の意味「〜している」を表します。これに「〜の状態である」を表す be 動詞（およびＣをとる動詞）がつくと、「〜している状態である」を意味します。したがって、「be + doing は進行形である」と解釈するのは誤りです。He is [sits] smiling. なら「彼は微笑んで [座って] いる」になります。

He is [sits] …　　　　　　　　… smiling.

　受動態も同様です。過去分詞（語形は done で代表）は '単独で' 受動の意味を表します。これに「〜の状態である」を表す be 動詞（およびＣをとる動詞）がつくと、「〜された] 状態である」を意味します。したがって、「be + done は受動態である」と解釈するのは誤りです。He is [sits] tired. なら「彼は疲れて [座って] いる」になります。

He is [sits] …　　　　　　　　… tired

▶現在完了

55 現在完了（1）

　過去分詞は'単独で'完了も意味します。'have＋過去分詞'は「現在完了（Present Perfect）」と呼ばれる時制です。日本語にはこれに相当する発想がないので、訳すときは工夫が必要です。

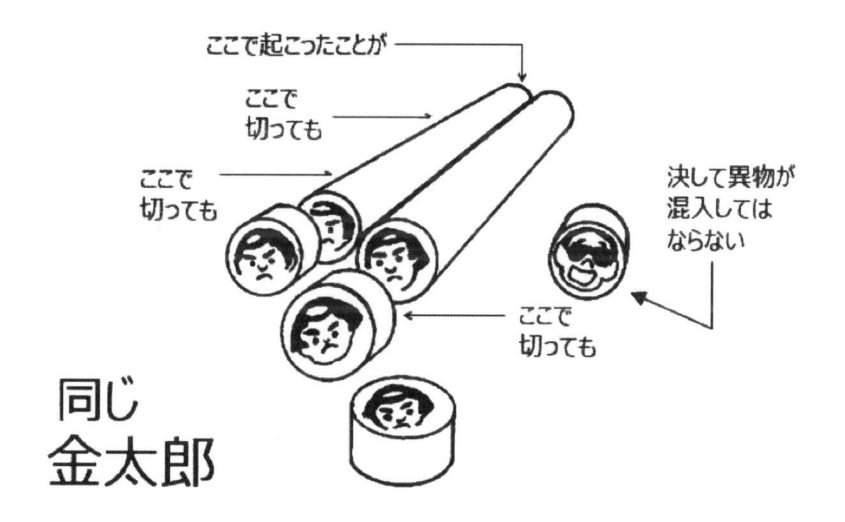

　金太郎飴と同じ原理の時制です。過去に何かをした状態を今もそのまま持ち続けている（have）ことを強調します。したがって、「現在時制」に属します。

I have broken my piggy bank.
「私は貯金箱を壊しちゃった」

　例えば、「昨日、貯金箱を壊した」状態を今もそのまま持っている、ということです。「もう取り返しのつかない、何もかもが済んでしまった」状態にあることを意味します。
　最も大切なのは、'have broken＝１個の動詞の塊（かたまり）'ではないということです。あくまでも、「broken（壊れちゃった）を have（持っている）」と分割して解釈しなければなりません。時制を担っているのは have なので、「現在」であることは疑う余地のないことです。しばしば、「過去を表す副詞（yesterday（昨日）とか three years ago（３年前））とは共に使えない」と忠告されますが、当たり前のことです。

56 現在完了（2）

　現在完了の原理は1つですが、便宜上、用法を3つに分けて理解するのが日本の英語学習者には適しているかもしれません。ただし、あくまでもおおまかな分類です。

・① 【継続】

I **have known** him since I was a child.　*since〜：〜して以来ずっと
「彼のことは子どもの頃からずっと知っている」

　現在完了時制の原理が最も顕著に現れるのが「継続」です。「彼に会った」という過去の実績がずっと今日まで続いていることを表します。現在形 I know him.（彼を知っている）でも過去形 I knew him.（彼を知っていた）でも、この状況は表現できません。

He **has been** sick in bed for a week.
「彼は病気で一週間寝込んでいます」

We **have** not **heard** from Jacob for ten years.
「私たちは Jacob から 10 年間便りをもらっていない」

57 現在完了 (3)

・②【完了】

I'**ve got** a bad cold.
「悪い風邪を引いてしまった」

「数日前に引いた風邪を今も引きずっている」状態です。現在完了が最も多用される構造がこの I've got … とか He's got … の「〜を持っている」です。過去に「手に入れた (= got) ものを今も持っている (= have)」を表すので、アメリカ英語では、ほとんど I have … や He has … にとって代わってしまいました。

He **has finished** his homework.
「彼は宿題を終えました（＝今は宿題を終えた状態です）」

これは「宿題を終えた」状態が今も続いている、ということです。

He **has lost** his purse.
「彼は財布をなくしました（＝今も見つかっていません）」

58 現在完了（4）

・③【経験】

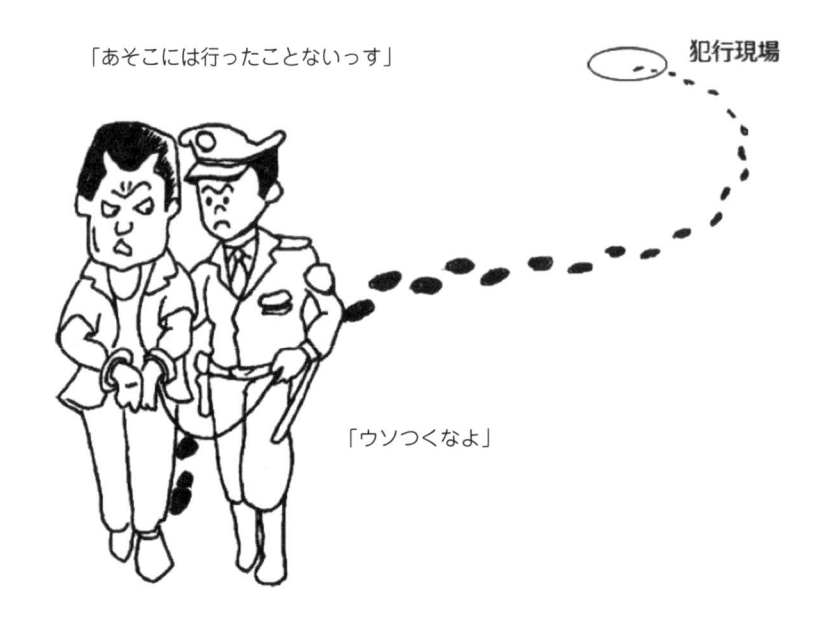

「あそこには行ったことないっす」

「犯行現場」

「ウソつくなよ」

I **have** never **been** there.
「そこへは行ったことありません」

「そこへ行った」記憶や実績が今も残っている状態を表します。次の例では、「数年前にその映画を見た」記憶が今も残っている状態を表します。

I **have seen** the film.
「その映画は見たことがあります」

I **have** not **been** to Europe.
「私はヨーロッパに行ったことがありません」

▶動名詞

59 動名詞 (1)

　原形動詞に -ing をつけた語形は分詞と動名詞です。したがって、両者の違いは文中で区別するしかありません。動名詞は '動詞＋名詞' の機能なので、基本的に「〜する＋こと」と訳します。動詞を実際に '動いているブタ' と想定するなら、動名詞は、ブタの貯金箱です。ブタであることを示してはいますが、実体は '動かないブタ' です。

動くブタ

動かないブタ（動名詞）

名詞の機能を持つので、S（主語）、O（目的語）、C（補語）の位置に置かれます。

Seeing is **believing**.（Seeing ＝ S，believing ＝ C）
「見ることは信じることだ（百聞は一見にしかず）」

I like **reading**.（reading ＝ O）
「私は読書が好きです」

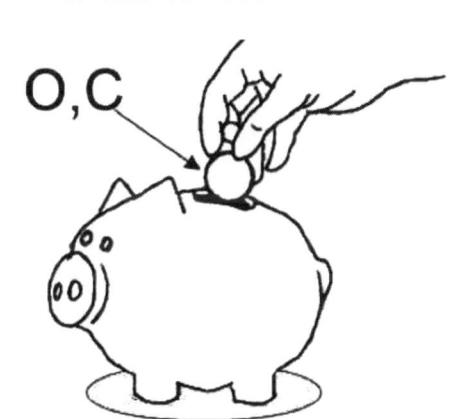

O, C

　名詞との決定的な違いは、動名詞はO（目的語）をとる、ということです。

My hobby is watching **movies**.
「私の趣味は映画を鑑賞することです」
I like reading **comics.**
「私は漫画を読むのが好きです」

being はC（補語）をとります。

Being **honest** all the time is not easy.
「常に正直であることは容易ではない」

60 動名詞（2）

　動名詞は名詞なので、当然ながら、前置詞との相性がいいです。次項でやる to- 不定詞にも名詞的用法がありますが、前置詞にはつながりません。to が元々、前置詞の to であったという事情があるので、前置詞が２つ並んでしまうからです。
　結局、どちらも '動かないブタ' で、「～すること」を意味します。そして '動詞＋名詞' の機能を果たしますが、to が障害となって、準動詞構文のあちこちで対立や矛盾を生んでいます。最も顕著な例は、前置詞 to と不定詞 to の混乱です。

{ ① You'll soon **be used to living** in the country.（◎）
　② You'll soon **be used to live** in the country. （△）
「田舎の生活にすぐ慣れるでしょう」

　be used to ～（～に慣れている）は本来、名詞をとるので①が正用法ですが、口語などでは習慣的に②を使うことも許容されています。

紛らわしいんだヨ

▶不定詞

61 不定詞の呼称

　図にあるように、(to) do の呼び方は6とおりあります。この内、正真正銘の文法用語は③「不定詞 (infinitive)」です。あらゆる「定めを受けない」という意味です。主語の人称（He か You か）や数（単数か複数か）、文の時制（現在か過去か）の制約を受けず常に原形を保ちます。

* ① to- 不定詞
② 不定詞

(to) do

① 原形動詞
② 原形不定詞
* ③ 不定詞
④ 裸の不定詞

to はあるような
ないような

　伝えるのは動詞が持つ意味（＝ブタ）のみで、活用することはありません。「原形（動詞）」とか「原形不定詞」と呼ばれることもあります。「原形不定詞」は重複表現です。しかし、実際は、to do の句形で使われることが多いので、「to- 不定詞」を単に「不定詞」と呼ぶことが多くなりました。これを嫌う文法学者は正調の「不定詞」、あるいは、気取って「裸の不定詞 (bare infinitive)」にこだわったりします。結局、to はあってもなくても「不定詞」です。

62 不定詞の用法

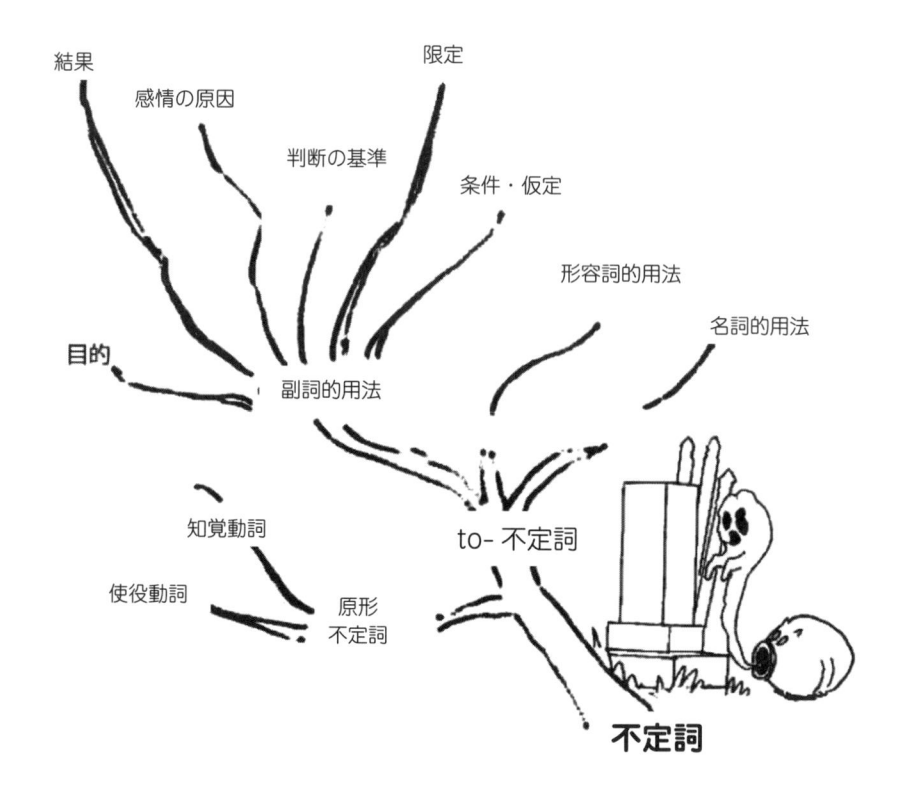

（図：不定詞の木
- 副詞的用法：結果／感情の原因／判断の基準／限定／条件・仮定／目的
- 形容詞的用法
- 名詞的用法
- to-不定詞
- 原形不定詞：知覚動詞／使役動詞
- 不定詞）

　本書では、不定詞を「to-不定詞」と「原形（不定詞）」に二分して表示します。前者はさらに「副詞、名詞、形容詞」の各用法に大別されます。「原形不定詞」は量的には少ないです。主に、知覚動詞と使役動詞との絡みで登場します。
　to-不定詞の名詞的用法「～すること」と動名詞「～すること」はかなりの部分で重複しますが、形容詞用法「～するための」と分詞「～している」は、意味が異なるのでぶつかりません。副詞的用法が最も複雑で、全部で6種類あります。ただし、「条件・仮定」は現代英語ではほとんど使われていません。

63 to- 不定詞の原理

　to- 不定詞の語形は 'to ＋原形' なので、to do で表示します。to do の to は本質的には前置詞の to です。やはり、前に進む意識を帯びている前置詞です。今日でも、多くの場面で、この体質が現れます。原形は '活用しない動詞形'、すなわちブタの蚊取り線香みたいなものなので、名詞相当です。そこで、前置詞 to の直後に置いてもいいわけです。

　特に、次のような状況では to そのものが前置詞であるか to- 不定詞の to であるか、分からなくなってしまいます。

　go to work は「勤めに出る」を意味する慣用句で、辞書には名詞の項に載っているので、'to ＋名詞' と捉えるのが一般的です。しかし、文法的には、work を「働く」と捉え、「働くために」と解釈することは可能です。to- 不定詞の to が前置詞と同質であることを象徴する構造です。

　もし、school と study が同じような要素だとしたら、I go to school.（学校へ行く）も I go to study.（勉強しに行く）も同じ捉え方でいいわけです。これが to- 不定詞の最も原始的な使い方で、be going to do（〜するつもりだ、するだろう）や副詞的用法「目的（〜するために）」に発展しています。

64 「副詞的用法」の意味

　副詞的用法の意味はバラバラにあるのではなく、「目的」を起点とします。「目的」の裏にある「結果」から、徐々に変遷していった意味です（順序は厳格なものではありません）。

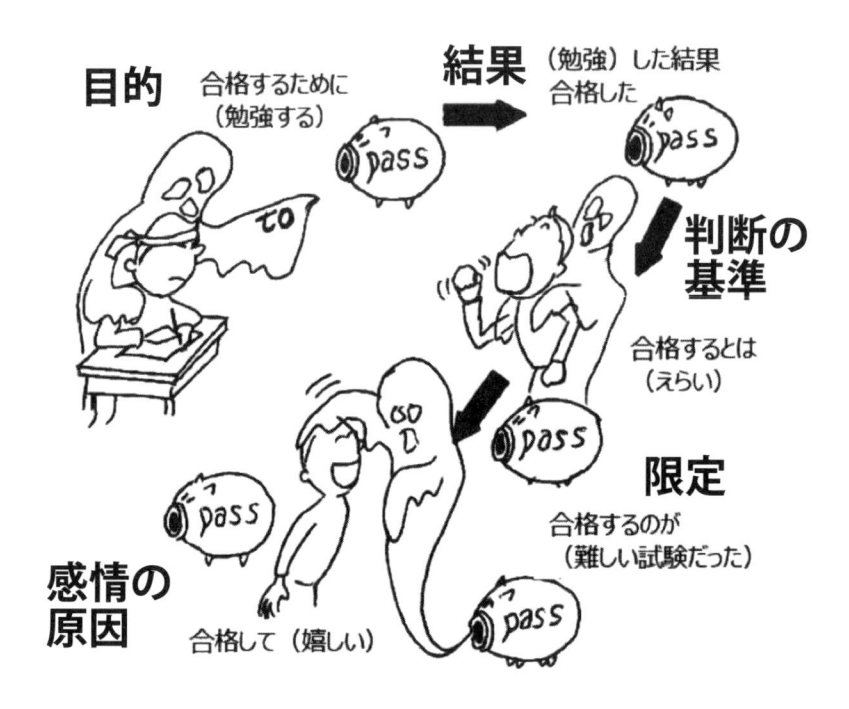

目的 合格するために（勉強する）
結果 （勉強）した結果合格した
判断の基準 合格するとは（えらい）
限定 合格するのが（難しい試験だった）
感情の原因 合格して（嬉しい）

　「限定」用法は、形容詞（例：難しい、適している）の表す範囲を'限定する'ので、こう呼ばれます。同じ構造と類似した意味をとる以下の例とは区別してください。このグループは慣用表現となっているのでそのまま覚えるべきでしょう

She **is slow to** make up her mind.
「彼女は決心するのが遅い」

You **are free to** do so.
「君は自由にそれをしていい」

65 「目的」vs「結果」

He turned around **to see** the moon sinking.
「彼は振り向くと、月が沈むのが見えた」

普通は、「結果」で訳します。しかし、脈略によっては、「月が沈むのを見ようと振り返った」と解釈することは可能です。どこまで行っても、「目的」と「結果」は表裏関係にあり、ぐるぐる回っています。

よって、「目的」構文では、to- 不定詞を文頭に持ってくることがよくあります。これによって、「結果」構文と混同されるのを避けることができます。

To see the moon sinking, he turned around.

ネイティブスピーカーは普通、文頭に To do …. が来ると、直観的に「目的」と捉える傾向があります。したがって、文頭の To do …. を「…すること」と解釈する名詞用法（後述）は歓迎されません。

66「原因」「条件・仮定」

「(感情の) 原因」と「条件・仮定」も「結果」におおいに関係あります。以下の例でも、「試験に合格した結果、嬉しい（だろうなぁ）」と'こじつける'ことは可能です。
I am so glad **to pass** the exam. → I would be so glad **to pass** the exam.
　「試験に合格してとても嬉しい」　　「試験に合格したら嬉しいなぁ」
次の「（判断の）理由」も同様です。「合格した結果、天才と判断する」わけです。
You must be genius **to get** into CMU.
「Carnegie Mellon 大学に合格するなんて天才だわ！」
唯一、「目的→結果」の流れから逸脱しているのは「（形容詞の）限定」です。
The problem is easy for me **to solve**.
「その問題は私にとって解くのが容易です（＝容易に解くことができます）」
　文末の solve が文頭の主語 the problem を目的語にとっています。文が一回転してつながり、かつ、To solve the problem is easy for me.（その問題を解くのは私にとって容易だ）が途中に入っています。For me to solve …から始めることも可能です。形式主語構文 It is easy for me to solve the problem.（同意）もあります。

ここから入れば名詞的用法

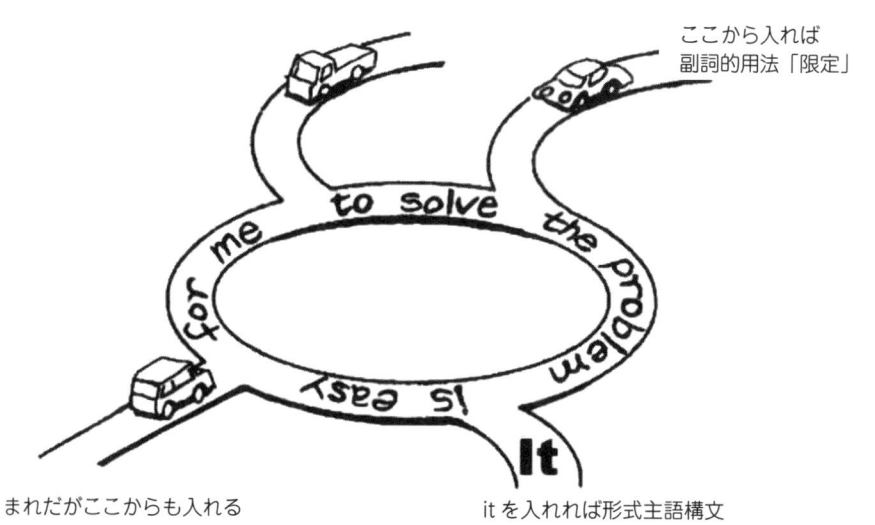

ここから入れば
副詞的用法「限定」

まれだがここからも入れる　　　　it を入れれば形式主語構文

67 形容詞的用法 (1)

やはり、「目的（～するために）」を引きずっていて、おおむね「～するための」で直訳できます。名詞と to do の関係は3種類あります。

① I need someone **to help** me. 「誰か私を助けてくれる人が必要だ」

② Do you have anything **to eat**?「何か食べる（ための）物ある？」

本当は背後にあるO（目的語）が鏡に反映していると考えると便利です。

③ He has no time **to see** you.「彼はあなたと会う（ための）時間がない」

'名詞＋ to do' において、名詞は to do 以下の行為がその中で発生する「場所」と考えると分かりやすいです。（125 同格構文も参照）

68 形容詞的用法の目的語

　形容詞的用法の'名詞＋to do'において、'自動詞＋前置詞'で目的語と'接触'する場合は、この構造をそのまま維持しなければなりません。'鏡に映った背後の名詞'をイメージすることが大切です。

I have someone to **fight against**.
「（ゲームの）対戦相手はいる」　*fight against ～：（人）と戦う、けんかする

おい
目的語は
こっち、
こっち

I want a chair **to sit on**.
「座るための椅子が欲しい」

69 名詞的用法 (1)

to do が「〜すること」の意味で名詞のような働きをします。ここでも to- 不定詞に独特の前方へ向かう意識があちこちで現れます。意識が前に向かう動詞は目的語に to- 不定詞を歓迎します。例：be going to do, want [hope, wish] to do, intend to do, plan to do, be willing to do

逆に、「止める (stop)」「終える (finish)」「避ける (avoid, help)」「諦める (give up)」「嫌がる (mind)」「延期する (postpone)」「逃れる (escape)」など、意識が後退する場合は動名詞と相性がいいです。

70 名詞的用法 (2)

前項は目的語に to- 不定詞が来た例ですが、主語（S）に to- 不定詞が来るケースでも同じです。

ただし、主語に to- 不定詞が来ると、どうしても構造が頭でっかちになりがちです。

To speak English fluently is difficult.
「英語を流暢に喋るの [喋ること] は難しい」

これを避けるため、It is … to do の構文がよく用いられます
→ It is difficult **to speak English fluently**.

これは、仮分数を帯分数にして、分子をとりあえず小さくする発想に似ています。

＜例＞ $\frac{13}{2} = \frac{1}{2} + 6$

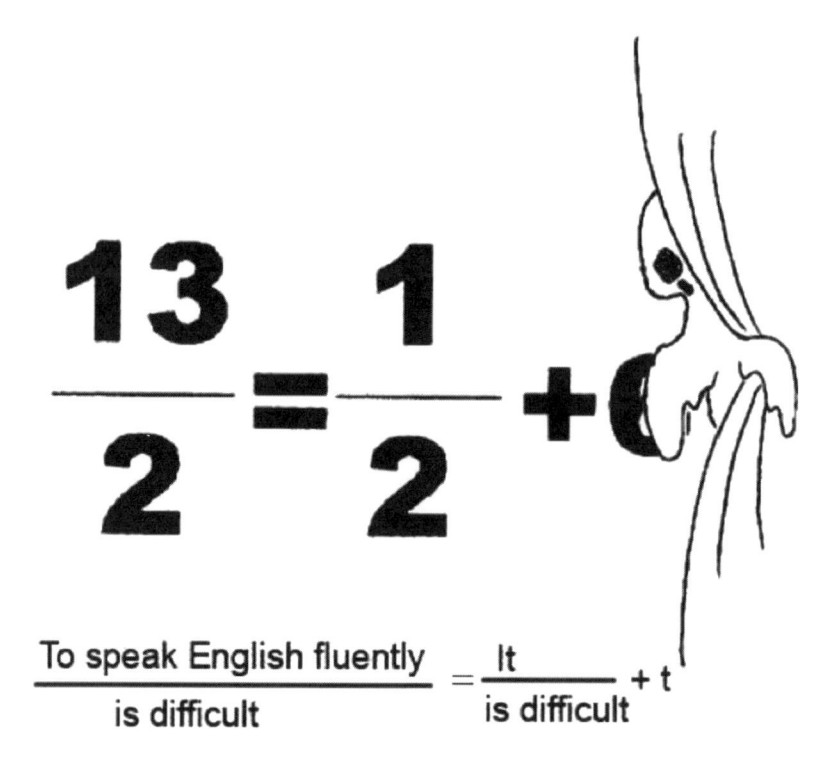

$$\frac{13}{2} = \frac{1}{2} + 6$$

$$\frac{\text{To speak English fluently}}{\text{is difficult}} = \frac{\text{It}}{\text{is difficult}} + t$$

71 名詞的用法（3）

形式の it が目的語の位置に来る場合もあります。

I find **it** difficult to speak English fluently.
「英語を流暢に話すのは難しいと思う」

したがって、形式主語[目的語]構文を訳すときは、この'訳す必要のない' it をどのように'通り過ぎるか'がポイントになります。初心者は、とりあえず、「それ」と訳しておいて、後から調整するのがいいでしょう。

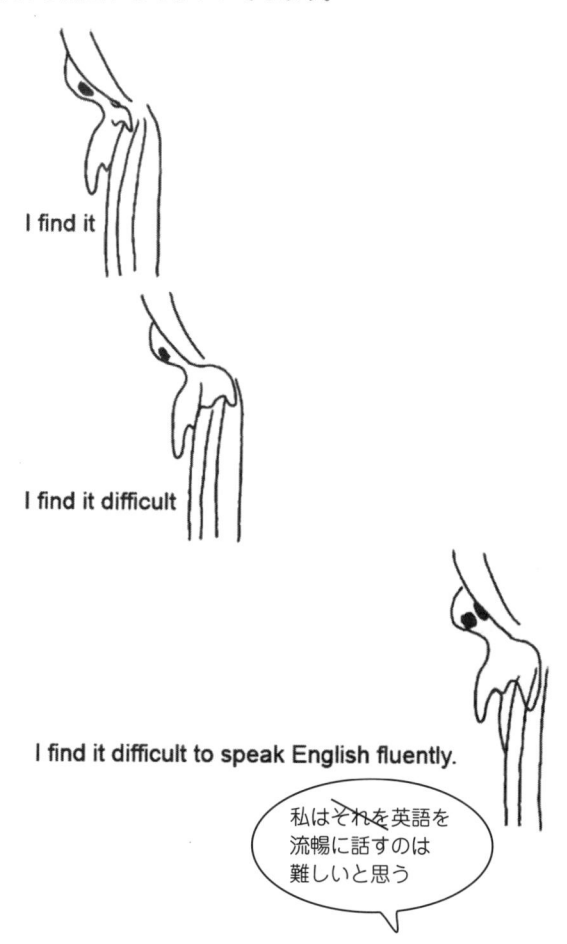

I find it

I find it difficult

I find it difficult to speak English fluently.

私はそれを英語を
流暢に話すのは
難しいと思う

72 名詞的用法 (4)

to- 不定詞が補語（C）として用いられる場合は、be 動詞に続いて 'S is to do' の形をとることが多いです。「Sは〜することです」と直訳できます。

The function of the heart is **to pump** blood.「心臓の役目は血液を送り出すことだ」
Your goal is **to pass** the exam.「君の目標は試験に合格することだ」

同じ構造ですが、「私の趣味 [仕事] は〜」は常習的な行為、定着した動きなので、to- 不定詞に不向きです。

My hobby is **collecting** coins.
「私の趣味はコインを集めることです」

73 動名詞でも to- 不定詞でも同意

動名詞でも to- 不定詞でも、同意で用いられる場合がいくつかあります。この場合、どちらのほうが頻繁に使われるかを比較してみましょう。

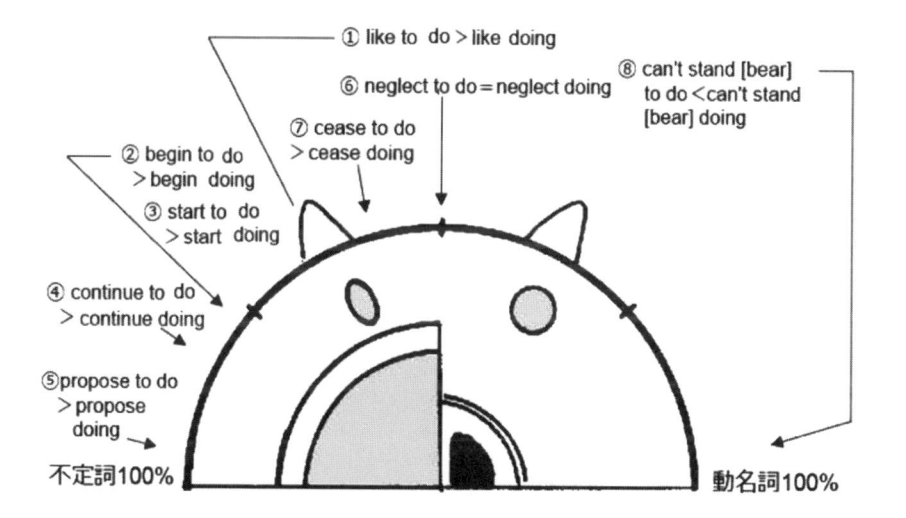

```
① like to do > like doing
⑥ neglect to do = neglect doing
⑦ cease to do > cease doing
② begin to do > begin doing
③ start to do > start doing
④ continue to do > continue doing
⑤ propose to do > propose doing
⑧ can't stand [bear] to do < can't stand [bear] doing
不定詞100%                         動名詞100%
```

概して、to- 不定詞のほうが好まれているのが見てとれます。

① 最も頻度が高い like to do/doing (〜するのが好き) では、やや to- 不定詞が優勢です。
②③ 「〜し始める」の begin と start でも同様に、to- 不定詞がかなり優勢です。
④ 「〜し続ける」の continue to do/doing も to- 不定詞が優勢です。
⑤ propose to do/doing (〜することを申し出る) には prefer to do/doing (〜するほうを好む) も含まれます。この2語はほとんど to- 不定詞を用います。
⑥ ほぼ五分五分というのが neglect to do/doing (〜することを怠る) です。
⑦ 「止める」を意味する stop は動名詞 doing しかとりませんが、同意の cease は両方とります。
⑧ ほとんど動名詞しかとらないのが can't stand [bear] で、「〜するのが我慢ならない」を意味します。常に can't を伴う語法です。

74 to- 不定詞も動名詞もとる他動詞

to- 不定詞も動名詞もとる動詞は数少ないですが、重要語ばかりです。厄介なのは、意味が異なることです。ここでも、やはり to- 不定詞独特の性質を引きずっています。

Remember **to write** to her.「忘れずに彼女に手紙を書くように」

to- 不定詞はやはり将来に向け進む意識があるので、remember to do では「(将来)忘れずに〜する」を表します。Don't forget to do…. でも同意で「忘れずに〜しなさい」を意味します。その他、regret to do (したくないのだが敢えて〜する) と try to do (〜できるよう努力する) があります。

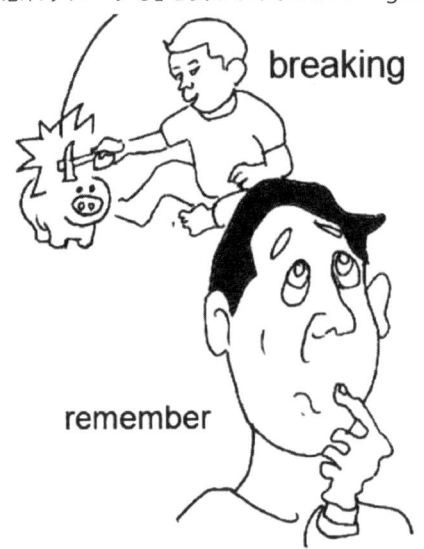

I remember **breaking** my piggy bank.「ブタの貯金箱を壊したのを覚えている」

動名詞は過去の出来事に対して「覚えている」を表します。forget doing なら「〜したことを忘れる」、regret doing なら「〜したことを後悔している」になります。try doing は「(生まれて初めて)〜を試す」のニュアンスを帯びます。

▶知覚動詞と使役動詞

75 知覚動詞

　原形不定詞は知覚動詞と使役動詞と結びついて、その意味だけを表します。既にやった分詞（現在分詞と過去分詞）と同様、S＋V＋O＋CのC（補語）の要素になります。O（目的語）との関係は「OがCする」と直訳できます。知覚動詞はCに原形、現在分詞、過去分詞の3とおりをとります。

　I saw a pig **fly**.「ブタが空を飛ぶのを見た」＊A pig flies.「ブタが空を飛ぶ（＝あり得ないことが起こる）」
　I saw a chicken **flying**.「ニワトリが空を飛んでいるのを見た」
　I saw chicken **fried**.「鶏肉が揚げられるのを見た」
　fly と flying の違いは「飛ぶ」と「飛んでいる」くらいの違いです。

76 使役動詞 (1)

　使役動詞 have は現在分詞と原形と、使役動詞 make と let は原形のみと結びつきます。しかし、使役動詞というのは本来、「人に～することを強いる [促す]」動詞なので、これら 3 語に限定せず、他の類義動詞と比較して検討すべきです。

make, have [let]	人 do	：人に～させる
force, compel [oblige]	人 **to** do	：強制的に人に～させる
tell [ask]	人 **to** do	：人に～するよう言う [頼む]
help	人 (**to**) do	：手伝って人に～させる

77 使役動詞（2）help

　help は、幽霊（to）が出たり消えたりします。いずれの場合も、特定の状況下では幽霊が復活します。以下の文を受動構造に転換した場合を考えてみましょう。

　They made her **go** there alone.「彼らは彼女に独りでそこへ行かせた」
　She was made **to go** there alone.「彼女は独りでそこへ行くことを強いられた」

　受動構造では go が拠り所にしていた her が消えます。her は go の内容上の主語です。be made go …は、go にとって実に不安定な環境となります。そこで…

　では、次の２つの例文を比較してみましょう。
　{ I always help the old lady **carry** her grocery bag.
　{ I always help the old lady next door **to carry** her grocery bag.
　「私は（隣りの）おばあさんが買い物袋を運ぶのをいつも手伝う」

　どちらも正しいですが、help の目的語（下線部）が長くなると、原形 carry を見失いがちになります。そこで、幽霊を置いて目印にする傾向が強くなります。

78 使役動詞 (3) — have ①

さて次に、have がとる 2 構文を比較してみましょう。これらの構文はやはり I have（私は持っている）をベースにして成り立っています。

I'll have him **mend** my broken heart.「傷ついたハートを彼に修理させよう」

'have ＋人＋ do' は「人に〜させる」ですが、「人が〜する状態を持っている」と直訳できます。I'll have my broken heart **mended**. なら「傷ついたハートを修理してもらおう」になります。'have ＋ 物＋ done' で、「物を〜される」か「物を〜してもらう」と訳されます。黒子に「〜してもらう［される］」といった格好です。

79 使役動詞（4）— have ②

受動構造 'have + 物 + stolen（物を盗まれる）' は注意が必要です。
I had my bag stolen.「私はバッグを盗まれた」
この英文は既に受動ですが、しばしば、日本語に惑わされて次のように表現してしまう英語学習者が後を絶ちません。この構造は非文法的です。
I was stolen my bag.（×）

my bag は
そのまま

80 使役動詞 (5) — make

　makeはやはり「作る」で、「人が〜する状態を作る」と直訳できます。これがhave（人が〜する状態を持っている）やlet（本来は「許す」）より強制力が大きくなる原因です。
　'make+人+O' で「人にOを作ってあげる」とか 'make＋人＋C' で「人をCの状態にする」など、あらゆる対象に接触して変形、変容させます。make him go で「彼を行かせる」になります。

make her → **a cup of coffee**
happy

make her smile

make him go

81 want ＋人＋ to do

　want to do は単独で「〜したい」を表しますが、「人」を間に置いて'want ＋人＋ to do' にすると「人に〜してほしい」に変わります。英語では、to- 不定詞に限らず、準動詞はその直前に人的媒介が来ると、自動的にその行為者になります。
　want ＋人＋ to do は「人に〜してほしい」なので、弱い使役動詞と言えます。

I want to marry you

I want him to marry you

第4章
節

名詞節と副詞節に大別されます。形容詞節はいわゆる関係詞節のことです。1個の英文を長くする最大要因は節の存在です。逆にその存在に気づけば、該当箇所を省略して構造を見ることができます。

▶名詞節

82 名詞節（1）

　節とは'文中の文'のことです。副詞節と名詞節の違いをまず図示しておきましょう。
【副詞節の場合】バルーン・アートの犬を1つの文に見立てると分かりやすいです。尾（副詞節）を針で破裂させたとしても、他の部位にまで影響が及びません。つまり、文全体が死ぬわけではありません。これは、以前やったとおり、副詞の要素は文の成立に不可欠ではないからです。

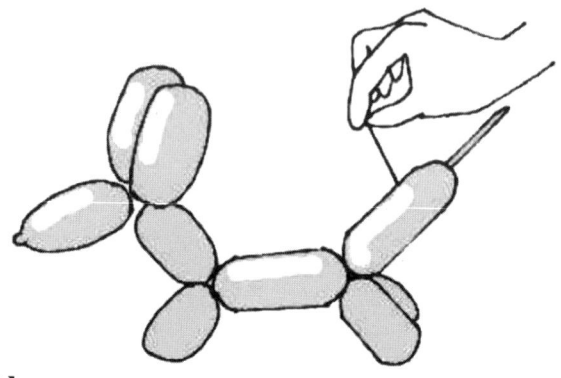

【名詞節の場合】
　いっぽう、名詞節を内包する文は2重に膨らませた風船のようなものです。内側の風船（名詞節）を破裂させようと針を刺せば、たちまち外側の風船も破裂してしまいます。これによって、本体も破裂して、文が消滅します。なお、形容詞節（関係代名詞節―後述）は名詞節に準じます。

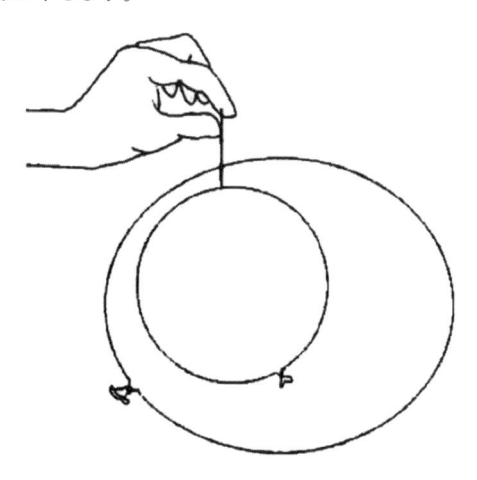

83 名詞節 (2)

名詞節には that と'７Ｗ１Ｈ'で始まる節があります。

- that S+V「SがVすること」
- whether [if] S+V「SがVするかどうか」
- who +V「誰がVするか」
- what [which] S+V「何[どれ]をSがVするか」
- when [where] S+V「いつ[どこで]SがVするか」
- why [how] S+V「なぜ[どのように]SがVするか」

　いずれも名詞的要素ですから、文中では、目的語(O)、主語(S)、補語(C)、同格として機能します。最も多いのは、that ～節で「負けない事、投げ出さない事 … 」のように「Sが～すること」でまとめた言い方になります。wh- で始まる疑問文の場合は、肯定文の語順に戻すことになります。例えば、Where did he go?（彼はどこへ行きましたか）なら、where he went（彼がどこへ行ったか）に置き換えます。

助動詞はいらない

原形も消えろ

84 名詞節（3）

【目的語に that 節をとる例】「彼は彼女が無実であることを知っている」
　最も多用される構造です。一般的に、基本動詞（think、know、say、believe、tell、wish、hope など）の後では that が省略されます。以下は、二重の風船をイメージして表示しています。

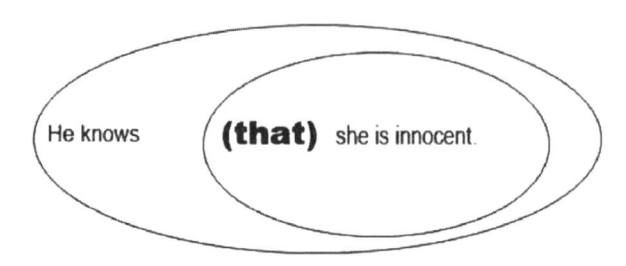

He knows (that) she is innocent.

【目的語に if 節をとる例】「私が日本食を好きかどうか彼はたずねている」
　if の名詞節は whether と同意ですが、副詞節でも「もし〜したら」の意味で多用されます。文意と構造から区別しなければなりません。

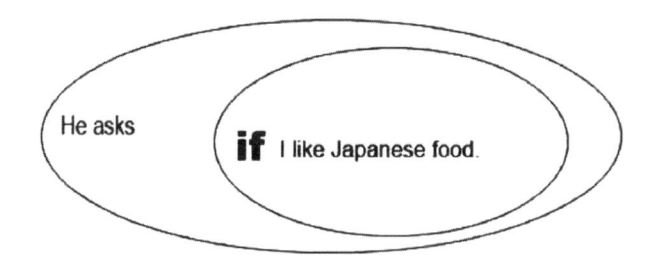

He asks if I like Japanese food.

【目的語に wh- 節をとる例】「彼女が何と言ったのか理解できない」
　「彼女が言ったこと」とも解釈されます。

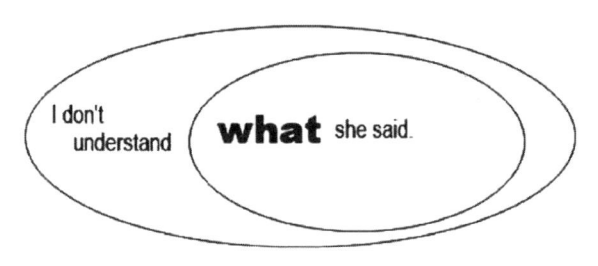

I don't understand what she said.

85 名詞節 (4)

【主語に that 節をとる例】「日本には独特の歴史がある」

　実際は主語に長い that 節をおく構造は嫌われます。to- 不定詞の項でもやった形式的な主語 It を置いて、本当の主語 that 節は後ろに回すのが一般的です。

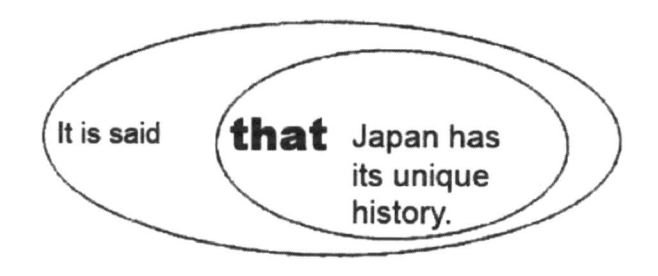

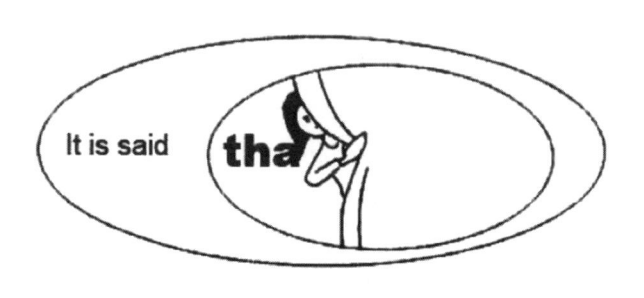

86 名詞節（5）

【補語に that 節をとる例】「問題は我々にはお金がないということだ」

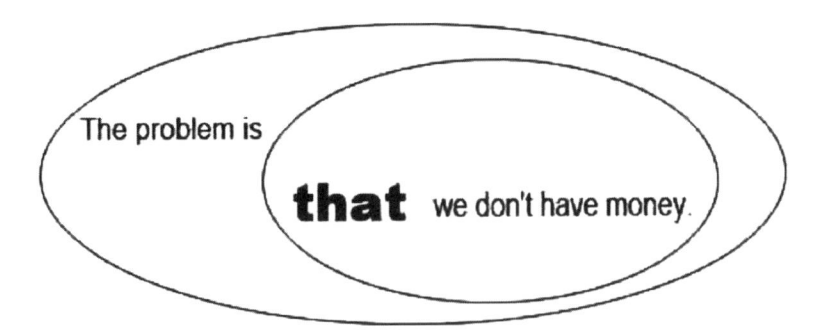

The problem is **that** we don't have money.

【同格節をとる例】「彼が合格することに疑いはない←彼が合格しないかもしれないという疑いはない」 *「同格節」については 125 も参照。

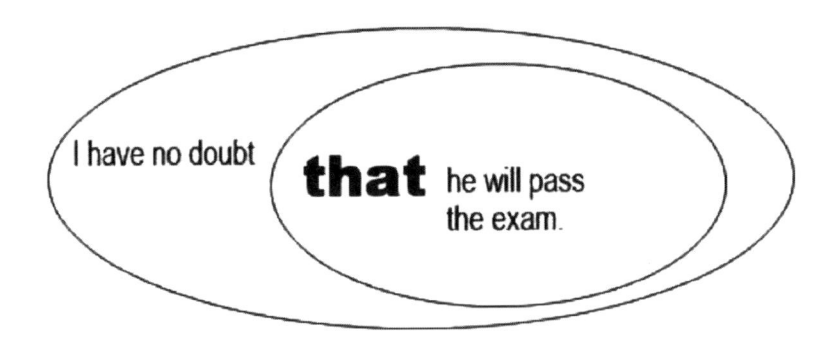

I have no doubt **that** he will pass the exam.

【同格節をとる例】「彼が優勝したというニュースは誤りだった」

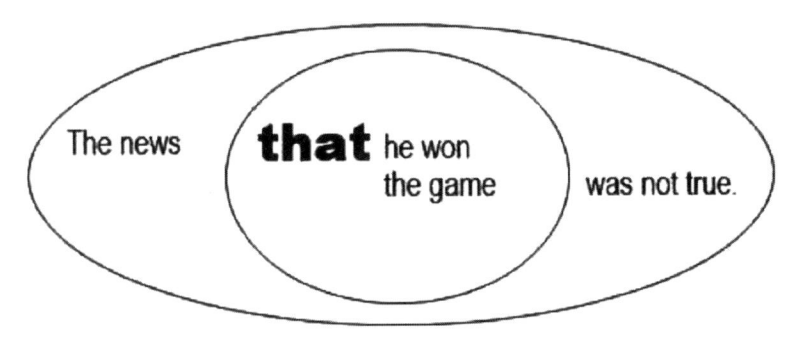

The news **that** he won the game was not true.

87 名詞節（6）

　I think (that) 節中の内容について疑問を抱いた場合、どんな質問をするか想像してみましょう。例えば、I think (that) she is innocent.（彼女は無実だと思う）に対しては、「あなたはどのように思いますか」と聞きます。that 〜以下の名詞節は 1 個の名詞（風船）です。これを絵で表現すると、下のように「その that は何ですか？」と聞いている状況になります。

　このとき、「それは何ですか」の「何」が大切です。英語にすると、What …? です。したがって、「あなたが考えているのは何ですか？」と同意になるので、「（〜について）あなたはどう思いますか」を英語に置き換えると What do you think 〜? になります。

▶副詞節

88 副詞節 (1)

　副詞節は主に動詞を修飾します。文の構成要素（S、V、O、C）として不可欠な要素ではありません。ここが名詞節と決定的に異なる点です。例えば、when と if は両方の節で使われますが、副詞節中では、なくても文自体が死ぬわけではありません。

$\begin{cases} 名詞節： & \text{when S+V（いつ S が V するか）} \quad \text{if S+V（S が V するかどうか）} \\ 副詞節： & \text{when S+V（S が V する\underline{とき}）} \quad \text{if S+V（\underline{もし} S が V \underline{したら}）} \end{cases}$

Do you know　**when** the train leaves?

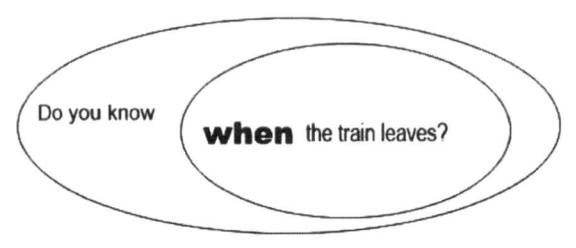

【名詞節の場合（復習）】

　Do you know when the train leaves?（電車はいつ出発するか知っていますか？）の下線部は名詞節です。

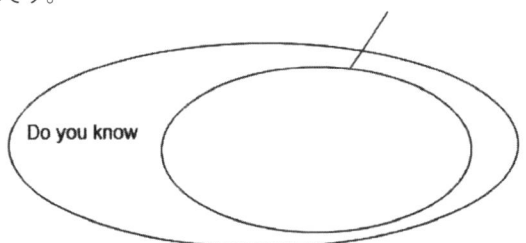

Do you know

　内側の風船に針を刺した状態、すなわち下線部を消そうとする状態です。この瞬間、全てが破裂して、英文が消滅します。

89 副詞節 (2)

【副詞節の場合】

I was taking a shower <u>when he came.</u>（彼が来たとき、私はシャワーを浴びていた）の下線部は副詞節です。

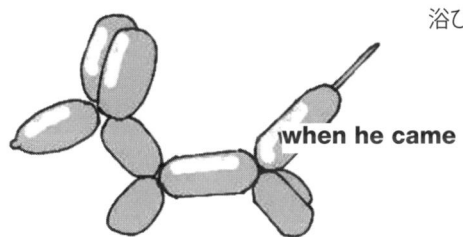

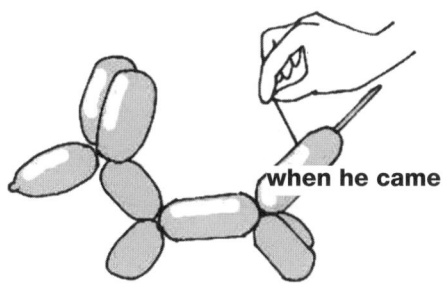

when he came

下線部に針を刺して破裂させても…

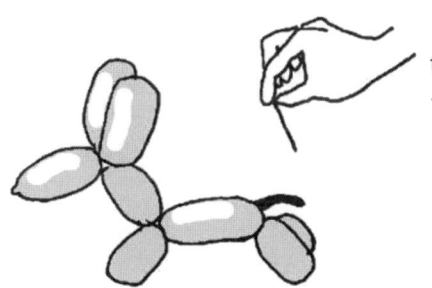

when he came

全体的は体裁を維持できます。I was taking a shower.（私はシャワーを浴びていた）という本体の意味は残ります。

90 副詞節（3）

　副詞節を導くその他の主な接続詞（下線部）を例示します。節中は現在時制であることを確認しましょう。

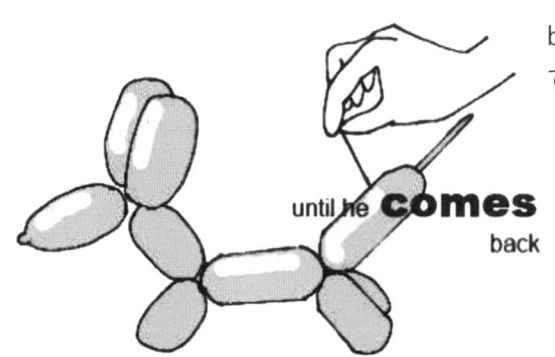

I'll wait here until he **comes** back.「彼が戻って来るまでここで待つ」*until～：～するまで

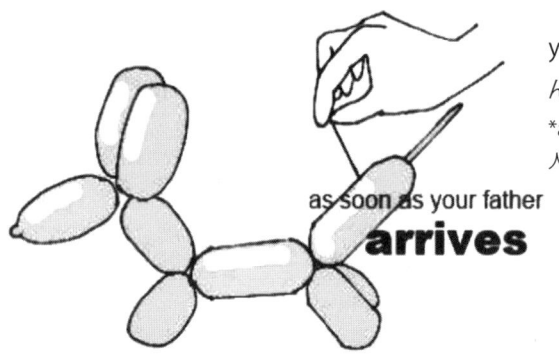

I'll let you know as soon as your father **arrives**.「お父さんが到着したらすぐ知らせます」
*as soon as～：～したらすぐ　let＋人 know：人に知らせる

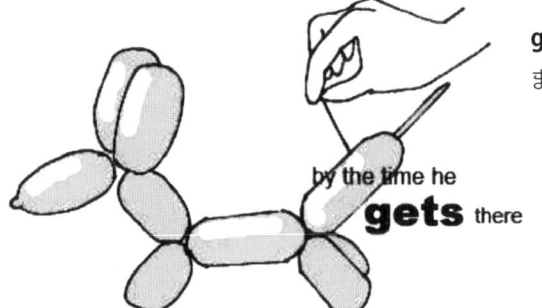

It'll be dark by the time he **gets** there.「彼が先方へ着く頃までには暗くなっているだろう」
*by the time～：～する時までには

91 副詞節（4）

　副詞節では時制に関する大切な特徴が1つあります。それは、未来を表す動詞に対し、現在形で表すということです。したがって、次の2例では、未来形 will come を使った①は名詞節、現在形（三単現）comes を使った②が副詞節ということになります。

{ ① I will ask him if he **will come** tomorrow.　（名詞節）
{ ② I will ask him if he **comes** tomorrow.　（副詞節）

{ ①彼が明日来るかどうか聞いてみる。
{ ②彼が明日来たら、聞いてみる。

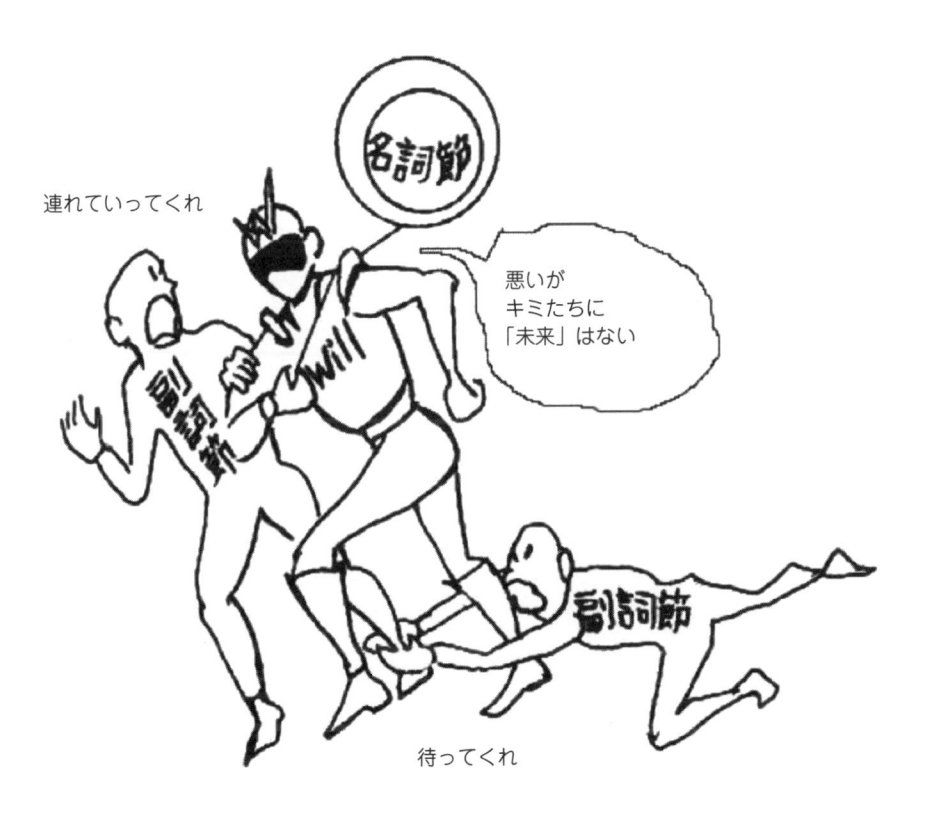

▶時制の一致

92 時制の一致 (1)

前項でやったとおり、「未来」に関して、名詞 [形容詞] 節は丁寧に扱われていますが、副詞節では'雑'です。この体質は「過去」時制に関しても同様です。2つの異なる時制を1つの文中（主節＝過去）で調整するとき「時制の一致」が発生します。

He said, "I am busy."
「彼は「今忙しいんだ」と言った」

I am busy. と主節のバルーンは分離しているので、過去時制の影響を受けません。

しかし、大きな風船の中に入れられて、名詞節となると、その時制（過去）の'色'に染まって「過去」になります。これを、「時制の一致」と呼びます。人称も同時に歩調を合わせて変わります。

He said (that) he **was** busy.
「彼は忙しいと言った」

93 時制の一致 (2)

次の例は関係詞節（形容詞節）中における時制の一致ですが、原理は同じです。大きな風船（主節＝I said everything）の中に入れられた小さな風船（関係詞節）なので、主節の時制の影響を受けます。関係詞に関しては後で詳しくやります。

I said everything that **would** make her happy.
「彼女が喜ぶことなら何でも言った」

この英文は次のように分解できます。

$\begin{cases} \text{I said everything} \\ \text{「私は何もかも言った」} \\ \text{that } \textbf{will} \text{ make her happy} \\ \text{「それは彼女を喜ばせるだろう」} \end{cases}$

94 時制の一致 (3)

時制の一致には、さらに奥があります。次の2つの英文を比較してみましょう。

$\begin{cases} \text{He said, "I } \textbf{did} \text{ it."} \\ \text{He said (that) he } \textbf{had done} \text{ it.} \end{cases}$

「彼は「俺がそれをやった」と言った」という内容ですが、小さな風船の did は大きな風船の中にあっては had done に変えられます。

「過去（灰色）」の中に「現在（透明）」が入ると過去の'色'に染まりますが、「過去（灰色）」の中に「過去（灰色）」が入ると、光学的に重なった部分は黒く（had done）なります。

95 過去完了

「時制の一致」の had done をやりましたが、これとは別に「過去完了」の had done という形があります。「時制の一致」は名詞 [形容詞] 節（小さな風船）の中で発生しますが、「過去完了」は主節（大きな風船）の中に現れます。しかも、過去の副詞節（犬の尾）のついた主節（犬の本体）で、「既に終わっていた」ことを意味します。

⎰ He said (that) he **had done** it.
⎱ 「彼はそれをやったと言った」（下線部は名詞節）
⎰ The battle **had** already **ended** when Hidetada arrived in Sekigahara.
⎱ 「（徳川）秀忠が関ヶ原に到着したとき、戦いは既に終わっていた」
（下線部は副詞節）

遅〜い！

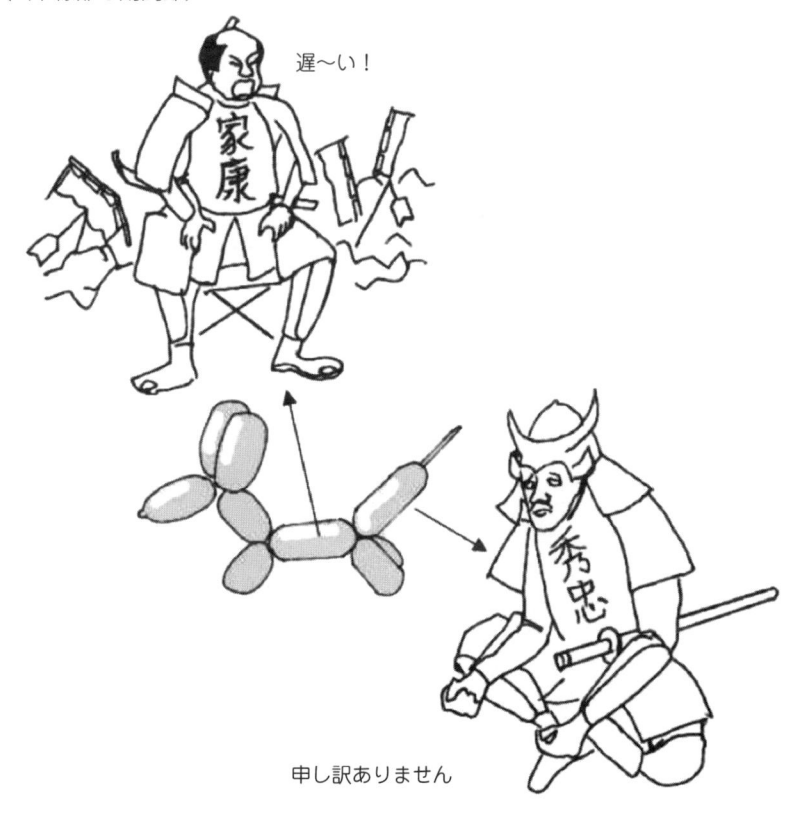

申し訳ありません

第5章
仮定法

仮定法は基本的には主節の動詞1個でも表現できます。主節とif節でペアー、なんて考えないでください。最も頻繁に使う仮定法はCould [Would] you …? とI would say …（私だったら…と言うのだが）です。こういうのも仮定法です。

96 仮定法の動詞形 (1)

「条件・仮定」は日本語でもよく'過去形'を使います。現在にも過去にも'過去形'を用いますが、別に不自由は感じません。

「もしも明日が晴れならば (if it is fine tomorrow)」は「もし明日、晴れたら」と過去で言うことがあります。これは単なる条件です。

「空を飛べたらなぁ」は完全に仮定法です。

英語では、「条件」には普通の現在形を使います（副詞節「時制」を参考）。「仮定」には昔は日本語と同様'過去形'のみを使いました。したがって、If I were [was] a bird … は「(今)鳥だったら」も「(あの時)鳥だったら」も表していました。

その後、後者には If I had been a bird …を充てるようになりました。「現在」に対する仮定と、「過去」に対する仮定を区別するようになったのです。今日、仮定法の動詞形が不安定なのはその歴史的形成過程の曖昧さにあります。

97 仮定法の動詞形 (2)

　仮定法の動詞形は、「現在」に対しては過去形を、「過去」に対しては had done（助動詞を含む場合は '助動詞過去＋ have done'）をとります。

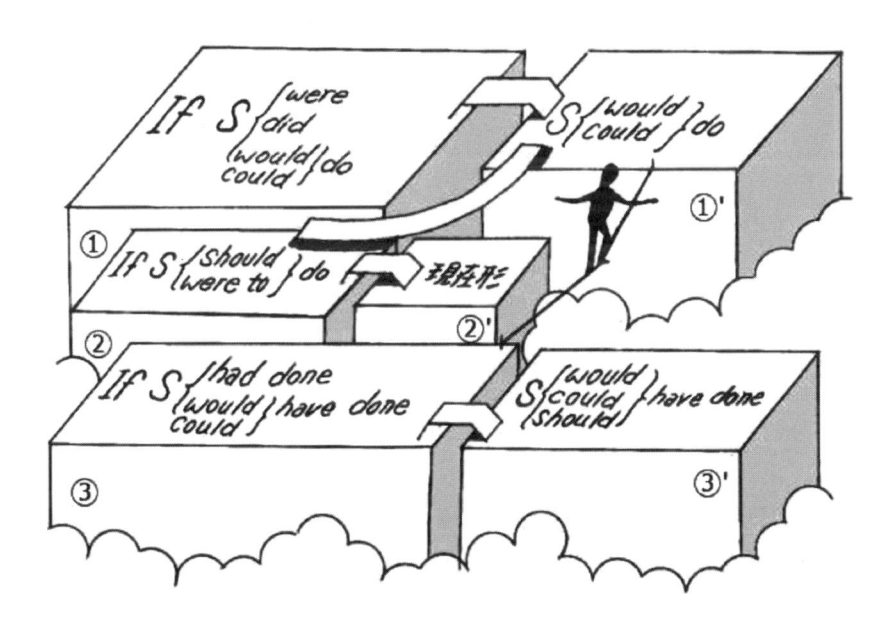

　おおむね、①①'、②②'、③③' の横並び構造で表現されますが、①' ②' ③' は独立した英文としても成立します。①②③でさえ、as (if) …に接続すれば「まるで〜するかのように」の意味で、単独で成立します。また、If の代わりに I wish をつければ「〜だったらなぁ」を表します。
　注目すべきは①' です。①②③のいずれからも続くことがあります。①' の最も進化した語形は should do（〜すべきだ）で、かつて仮定法であったことは誰も意識していません。日常の語法では Would [Could] you do…?（〜していただけませんか？）が最頻出です。

98 現在のことを仮定

　あり得ないことを妄想する表現法を仮定法と呼びます。ただ、100% あり得ないことなのか、10% くらいは可能性があるのかは判別が難しいことがあります。次の絵は 100% 仮定法の世界と見ていいでしょう。

If I **could** play the piano, I **would** make a song for you.
「もしもピアノが弾けたなら、君のために曲を作るだろう」

　中身の人間は「現在」で、身を包む衣類が「過去」を象徴しています。can と will の項で既に説明しましたが、内容は現在なのに表面だけ過去形を用いるのがこの仮定法の特徴です。can play を could play に、will make を would make にして表現します。

99 I wish ＋①型

　実現不可能な願望はもちろん仮定法の領域内です。「願う」とか「希望する」の部分は現実なので現在形 I wish …. を用いますが、その内容については仮定法の時制に従います。

「現在」

この大空に翼を広げ飛んでいきたいな

「過去」

ブーツ「現在」

I wish I **had** wings and **could** fly away.
「翼があったら飛んでいきたいなぁ」

　散切り頭は「現在」の象徴です。紋付き袴 (はかま) は「過去」を象徴しています。しかし、ブーツがちぐはぐで、「過去」に徹してはいません。I wish … は現在形で、仮定法中の一般動詞は過去形 had に置き換えているので、現実と仮定法が混在する中途半端な構文です。同種の構文に以下の例（②②'型）があります。

　If I **should** die, please **offer** my heart to someone who needs it.
　「私が万一死んだら、必要としている人に私の心臓を提供してください」
　If S should [were to] do … は「もしSが万一…したら」を意味する定型構文です。offer は現実的な内容なので、普通に現在で表現します。

100 過去のことを仮定

　過去の事実を悔んだりするとき、「もし〜だったらなぁ」とか、「〜したのになぁ」の動詞形は複雑怪奇な組み合わせになります。とりあえず、具体例をイラストで示すとこんなふうになります。

「過去」

もしもあなたと逢えずにいたら私は何をしてたでしょうか

「もっと過去」

If I had not met you, what would I have done?
「もしもあなたと逢えずにいたら、私は何をしてたでしょうか」

　「私は何をしてたでしょうか」を「過去」に対する仮定と解釈すると、中身は「過去」だけど、身を包む衣類は「もっと過去」というのがこの構文の動詞形になります。
　仮定法の動詞形はIf〜節か主節か否かに関わらず、'had＋過去分詞'（助動詞を含む場合は 'would [could, should] have＋過去分詞'）を使います。
　したがって、次のような同意表現が可能になります。

{ If I **could have spoken** English, I **would have gone** abroad for study.
{ If I **had been able to speak** English, I **would have gone** abroad for study.
　「もし英語が喋れたら、外国に留学しただろう」

101 過去と現在が混在

「私は何をしてたでしょうか」は「現在」のこととも解釈できます。「もしあの時、あなたに逢えなかったら、今ごろ、私は何をしていたでしょうか」と考えると、後半部の動詞形は「現在」に対する仮定なので、一躍、'would do' になります。

→ 過去
→ サングラス「現在」
→ もっと過去
→ 下駄「過去」

If I **had** not **met** you, what **would** I **do**?
「もしあの時あなたに逢えずにいたら、(今ごろ)私は何をしてたでしょうか」

頭部(内容)は「過去」と「現在(サングラスで象徴)」が混在しています。したがって、その外見(動詞形)は「過去(下駄で象徴)」と「もっと過去」が混在し、もうグチャグチャです。

【類例】

I **might be** still out of a job if he **had** not **employed** me.
「もし(あの時)彼が私を雇ってくれなかったら、私は今も失業中だろう」

第6章
時制のズレ

名詞節や特定の動詞（例：seem to do）が絡んで、2つの動きが1文に混在すると、ほとんどの場合、時制のズレを調整する作業が必要になります。しかし、一定の法則さえ習得すれば、応用は簡単です。

102 動詞の時間差表現（1）

　1つの文中に2つの動詞的要素が並立するとき、その発生時期に時間的'ズレ'があれば、適切に処理しなければなりません。「時制の一致」と準動詞で発生します。

【時制の一致】（復習）名詞[形容詞]節中で発生します
　2つの動詞が次の3種のどれとどれに相当するかを基準にして考えてください。
　　＜透明の風船○＝現在、半透明の風船●＝過去、黒い風船●＝ had done ＞
　　Ⅰ型（○（現在）に○（現在）が入る場合→○（現在）のまま）
　┌He **says,** "I **am** busy."「彼は「（今）忙しい」と言っている」
　└→ He says that he **is** busy.
　　○の主動詞 says の節中に○の am が入っても、何も起こりません。○のままです。

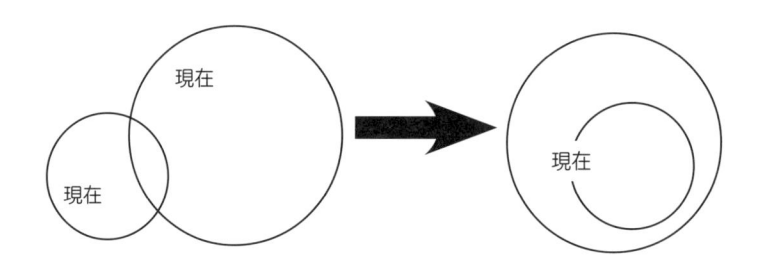

　　Ⅱ型（●（過去）に○（現在）が入る場合→●（過去）に染まる）
　┌He **said,** "I **am** busy."「彼は「（今）忙しい」と言った」
　└→ He said that he **was** busy.

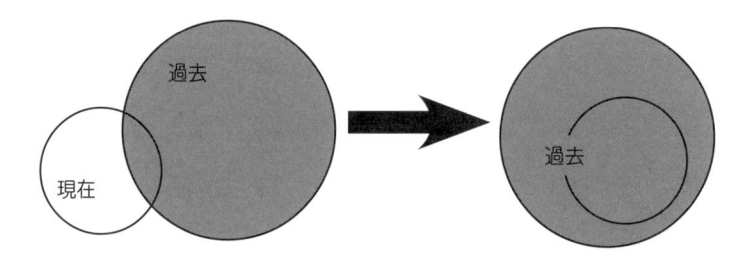

　　●の主動詞 said の節中に○の am が入ると、○は●の色に染まります。

103 動詞の時間差表現 (2) Ⅱ型（応用例）

　助動詞の will や have done の have もこの法則に従って変化します。will も have も形態上は「現在形」です。特に、現在完了は「現在」に属することを確認してください。

① ┌ He **said**, "**I will** be busy."　「彼は「（これから）忙しくなるぞ」と言った」
　 └→ He said that he **would be** busy.

　「● said の節中に'未来'が入った」と考えるのは誤りです。「● said 節中に現在形 will が入った」ものです。つまり、形式だけ will → would になっただけです。

　以下のイラストは前頁の小さな○をカメレオンに置き換えてあります。

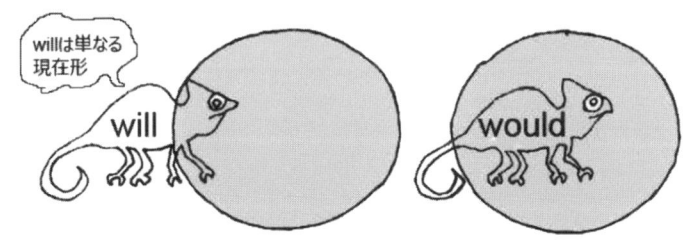

（willは単なる現在形）　will　　would

【類例】

　I **said** everything that **would** make her happy.
　「私は彼女が喜ぶようなことは何でも言った」
　I **knew** that something awful **would** happen.
　「私は何か恐ろしいことが起こるだろうと知っていた」

② ┌ He **said**, "I **have** been busy."「彼は「ずっと忙しかったんだ」と言った」
　 └→ He said that he **had** been busy.

　「● said の節中に'現在完了'が入った」と考えるのは誤りです。「● said 節中に現在形 have が入った」ものです。つまり、形式だけ have → had になっただけです。

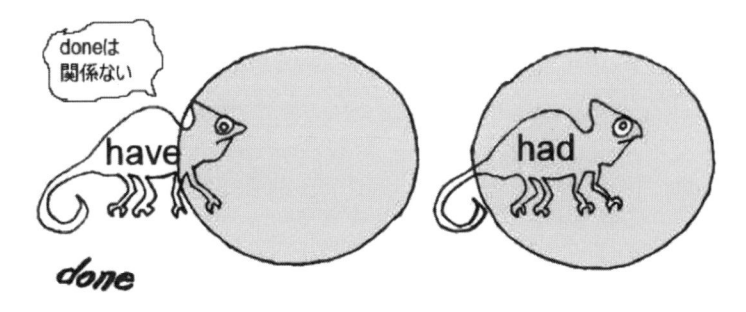

（doneは関係ない）　have　　had　　done

104 動詞の時間差表現（3）

Ⅲ型（●（過去）に●（過去）が入る場合→真っ黒●になる）

- He **said**, "I **was** busy." 「彼は「忙しかったんだ」と言った」
  → He said that he **had been** busy.

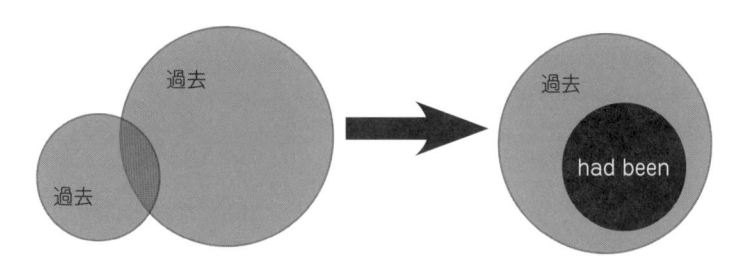

●の主動詞 said の節中に、同じく●（過去）の was が重なると、光学的に●になります。

Ⅳ型（●（過去）に●（had done）が重なっても、これ以上、黒（●）くならない）

- He **said**, "I **had been** busy."
  → He said that he **had been** busy.

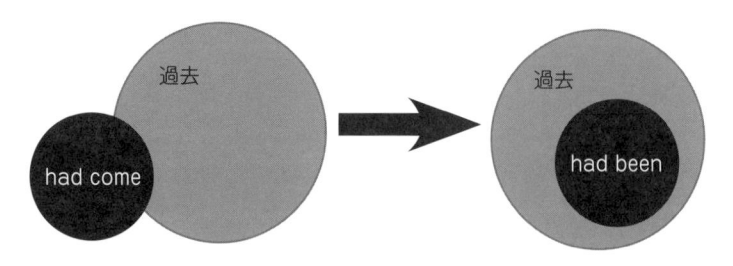

動詞の階層には●（had done）を上回る語句形はないので、had done は変わりようがありません。

105 動詞の時間差表現 (4) — to- 不定詞の時間差表現 (1)

2つの動詞を、「現在」、「現在完了」、「過去」、「過去完了」に分けて、そのズレの有無で考えると分かりやすいです。ズレが「ある」場合は to do、「ない」場合は to have done の句形をとります。

【Ⅰ型 (to) 不定詞】(seems と is はともに現在→ to do)
- It **seems** that he **is** rich.「彼は金持ちであるらしい」
- → He seems to **be** rich.

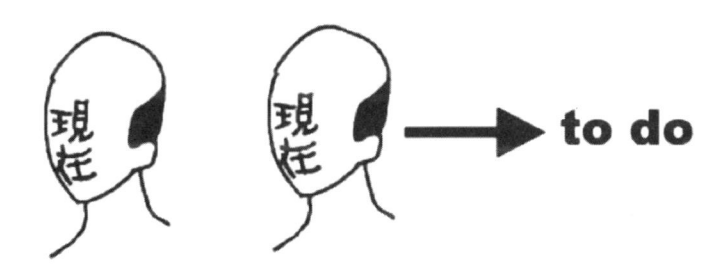

【Ⅱ型 (to) 不定詞】(seems（現在）に was（過去）でズレあり→ to have done)
- It **seems** that he **was** rich.「彼は（以前は）金持ちであったらしい」
- → He seems to **have been** rich.

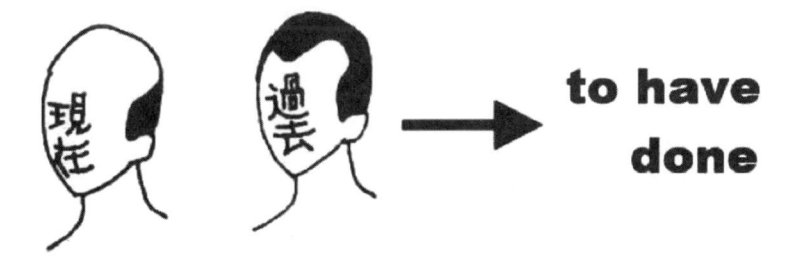

【類例】

He **must be** a good walker to **have walked** such a long distance.
「あれだけの距離を歩いたとは彼は健脚に違いない」

*He must be a good walker. + He walked such a long distance.
第2文は He has walked …. となることもある。その場合の書き換えは次頁で。

106 動詞の時間差表現 (5)

【Ⅲ型 (to) 不定詞】（must be（現在）に has walked（現在完了）でズレあり→ to have done）

He **must be** a good walker to **have walked** such a long distance.
「あれだけの距離を歩いたとは彼は健脚に違いない」
← He **must be** a good walker. + He **has walked** such a long distance.

現在 現在完了 → to have done

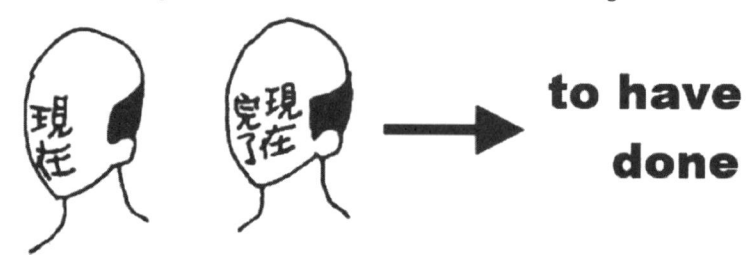

【Ⅳ型 (to) 不定詞】（seemed と was はともに「過去」でズレなし→ to do）

⌐ It **seemed** that he **was** rich. 「彼は金持ちであるらしかった」
└→ He seemed to **be** rich.

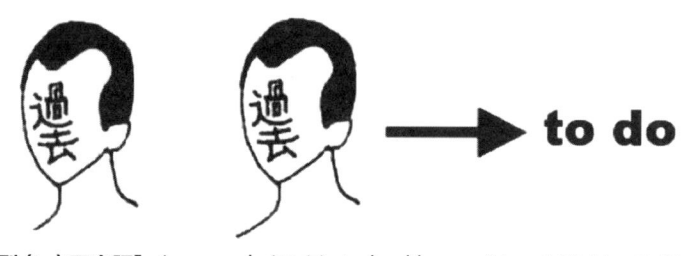

過去 過去 → to do

【Ⅴ型 (to) 不定詞】（seemed（過去）に had been（もっと過去）でズレあり →to have done）

⌐ It **seemed** that he **had been** rich.「彼は金持ちであったらしかった」
└→ He seemed to **have been** rich.

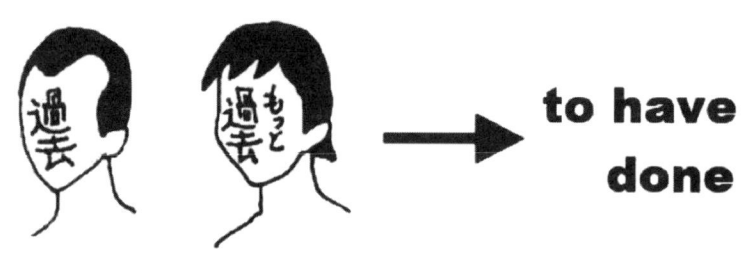

過去 もっと過去 → to have done

107 動詞の時間差表現（6）

　動名詞は doing と having done で時間的ズレを使い分けしますが、原理は to- 不定詞の場合とまったく同じです。動名詞の例を admit that ～（＝ admit doing ～：～したことを認める）の構文中で比較します。

【Ⅰ型動名詞】（admits と is はともに現在でズレなし→ doing）
　　The thief **admits** that he **is** a liar.
　→ The thief admits **being** a liar.
　　「泥棒は嘘つきであることを認めている」

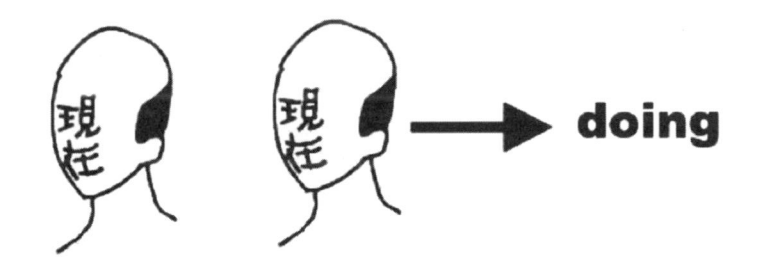

【Ⅱ型動名詞】（admits（現在）に stole（過去）でズレあり→ having done）
　　The thief **admits** that he **stole** the money.
　→ The thief admits **having stolen** the money.
　　「泥棒は金を盗んだことを認めている」

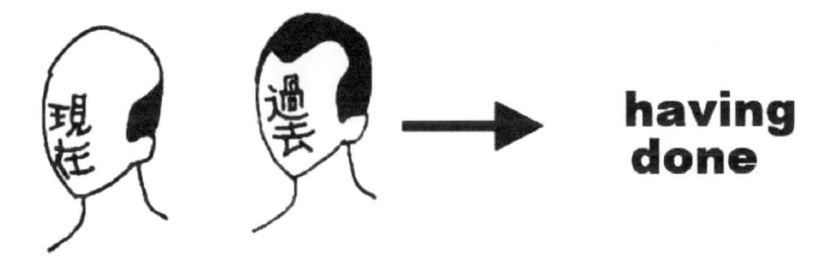

*that …節中は he has stolen …となることもあります。その場合の書き換えは次頁で。

108 動詞の時間差表現 (7)

【Ⅲ型 動名詞】(admits（現在）に has stolen（現在完了）でズレあり→ having done)

The thief **admits** that he **has stolen** the money.
→ The thief admits **having stolen** the money.
「泥棒は金を盗んだことを認めている」

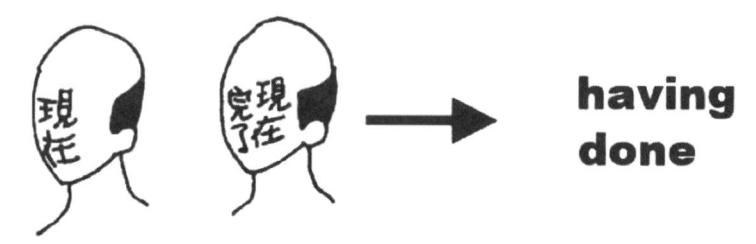

【Ⅳ型 動名詞】(admitted（過去）に was（過去）でズレなし→ doing)

The thief **admitted** that he **was** a liar.
→ The thief admitted **being** a liar.
「泥棒は嘘つきであることを認めた」

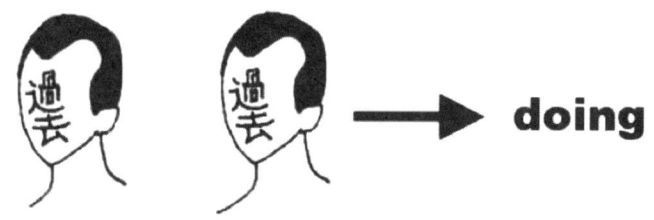

【Ⅴ型 動名詞】(admitted（過去）に had stolen（もっと過去）でズレあり→ having done)

The thief **admitted** that he **had stolen** the money.
→ The thief admitted **having stolen** the money.
「泥棒は（以前）金を盗んだことを認めた」

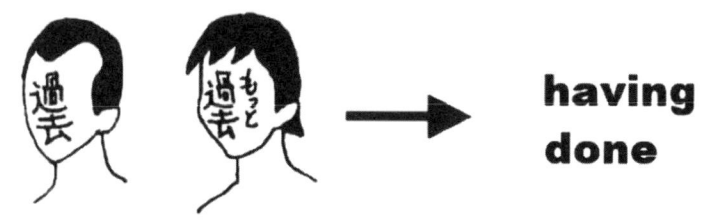

109 動詞の時間差表現 (8)

　時間的ズレの調整後に have [had] done になったのか、元々「現在 [過去] 完了」だったのかを識別するのは難しい問題です。次の①は正真正銘の「現在完了」で、時制の一致を経て had been になったものです。②は単なる「過去」が調整を経て形式的に have been になったものです。厳密な区別は文脈に頼るしかありません。

① ┌ He said, "I **have been** busy." 「彼は「ずっと忙しかったんだ」と言った」
　 └→ He said that he **had been** busy.

② ┌ It seems that he **was** rich. 「彼は（以前は）金持ちであったらしい」
　 └→ He seems to **have been** rich.

第7章
関係詞

関係代名詞は目的格の関係詞を置かない構造に気をつけてください。それから、所有格 whose の用法はあまり使われていません。関係副詞もあまり現れません。やはり、普通の主格の which がいちばん多いです。

▶関係代名詞

110 関係代名詞 (1)

共通部分の代名詞を関係詞に置き換えて2つの文を1つに連結する構造です。

●重なる代名詞（人）が主語の場合
・This is the man. ①＋ **He** teaches us the guitar. ②

This is the man **who** teaches us the guitar.
「これは私たちにギターを教えてくれる人です」

主語 He（主格）が the man（「先行詞」と呼びます）と重なるので、主格の関係詞 who に置き換えて、②ごと先行詞の直後に置きます。

●重なる代名詞（人）が所有格の場合
・This is the angel. ①＋ **Her** wings are broken. ②

This is the angel whose wings are broken.「これは翼の折れたエンジェルです」

所有格の Her が the angel と重なるので、所有格の関係詞 whose に置き換えます。②ごと先行詞 the angel の直後に置きます。

111 関係代名詞(2)

●重なる代名詞(人)が目的語の場合

{ He is a man.
{ We can trust **him**.

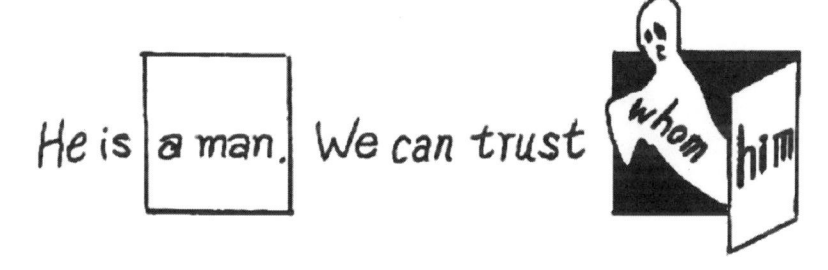

　目的語の him が先行詞 a man と重なるので、him を目的格の関係詞 whom に置き換えます。しかし、「関係詞は先行詞の直後に置く」という大原則があるので、whom を a man の後ろに移動させます。

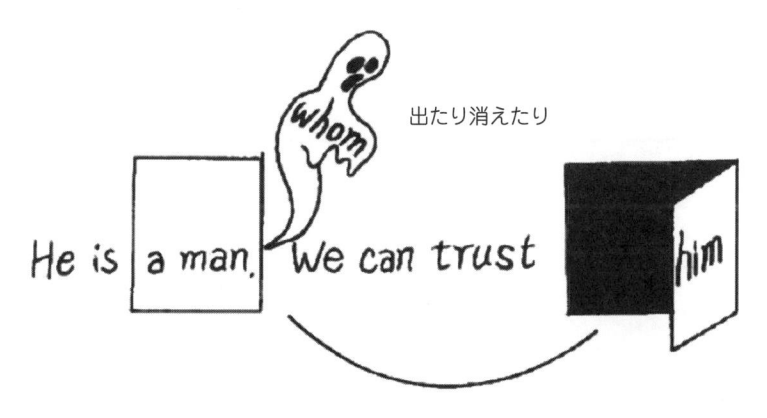

出たり消えたり

He is a man (**whom**) we can trust.
「彼は信用していい人です」

　幸か不幸か、英語には「接触節」(後述)という感覚があって、わざわざ目的格を置かなくても分かる、と考えられています。無理やり入れることはできますが、幽霊のような存在で、出たり消えたりします。

112 関係代名詞(3)

● 重なる代名詞（物）が主語の場合
・The road is narrow. ① ＋ It leads to our school. ②

The road **which** leads to our school is narrow.「学校に通じる道は狭い」

主語 It（主格）が The road と重なるので、主格の関係詞 which に置き換えます。そして、②ごと先行詞の直後に割り込ませます。

● 重なる代名詞（物）が所有格の場合
・Look at the house. ① ＋ **Its** roof is damaged. ②

Look at the house **whose** roof is damaged.「屋根が破損している家を見て」

所有格 Its が the house と重なるので、所有格の関係詞 whose に置き換えて連結します。ただし、この構文は最近ではあまり見かけません。ネイティブスピーカーは次のように表現します。

Look at the house **with the damaged roof**.

113 関係代名詞(4)

● 重なる代名詞（物）が目的語の場合

{ This is <u>the house</u>.
  I painted **it**.

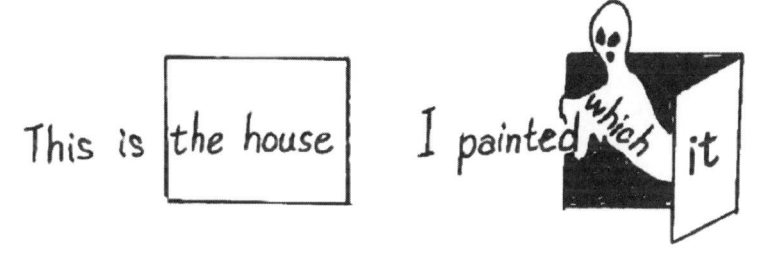

目的語の it が先行詞 the house と重なるので、it を目的格の関係詞 which に置き換えます。しかし、「関係詞は先行詞の直後に置く」という大原則があるので、which を the house の後ろに移動させます。

This is the house (**which**) I painted.
「これは私がペンキを塗った家だ」

111 で述べたように、幸か不幸か、英語には「接触節」（後述）という感覚があって、わざわざ目的格を置かなくても分かる、と考えられています。無理やり入れることはできますが、幽霊のような存在で、出たり消えたりします。

114 関係代名詞 (5)

以下の①②から関係詞の目的格が省略された結果、①'②'ができる、と考えられます。

{ ① He is the man (**whom**) I love.「彼は私が愛している男です」
② This is the house (**which**) I painted.「これは私がペイントした家です」

{ ①' He is the man **I love**.
②' This is the house **I painted**.

しかし、実は、①'②'は元々、別個にあった構文で、「接触節」と呼ばれます。文末の他動詞（love と painted）が'接触'するはずの目的語が先行します。他動詞の右に鏡を立て、そこに映った目的語をイメージして考えると分かりやすいです。

He is the man　I love the man

115 関係代名詞(6)

「接触節」の末尾は他動詞および他動詞相当の'動詞＋前置詞'をとります。to-不定詞「形容詞的用法」で既にやった構造と同じ原理です。

I need someone I can **fight against**.
「対戦相手が必要だ」

I need a chair I can **sit on**.
「座ることのできる椅子が必要だ」

116 関係代名詞 (7)

　前項でやった「接触節」は、この種の構造では最も多用されますが、同意で'前置詞＋目的格（whom , which）'も許容されます。大切なのは、省略されがちな目的格関係代名詞（whom, which）が前置詞の直後では絶対に'消えない'という原則があることです。この構造は、特に格式ばった文書などに適しています。

I need someone **against whom** I can fight.

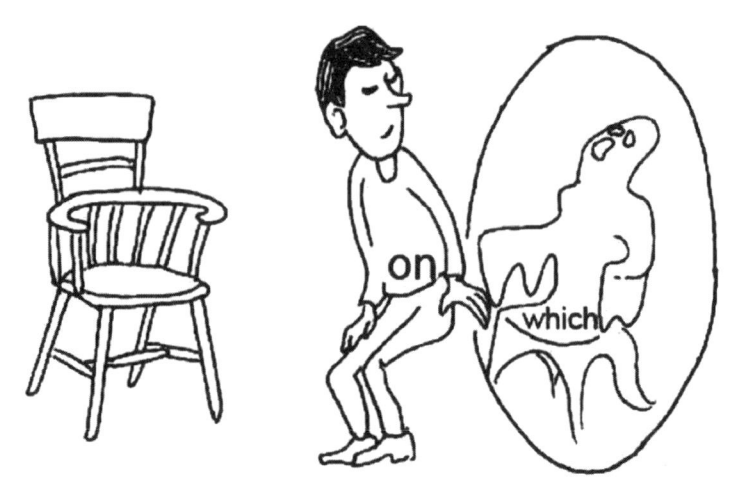

I need a chair **on which** I can sit.

117 関係代名詞 that (1)

関係代名詞の that は他の wh- 関係詞と本質的に異なる要素です。that はやはり代名詞の that「それ」です。他の「どれ」でもない、「それ」です。それが指す対象物は限定される傾向が強いです。が、あまり厳密なルールではありません。

{ I said everything.　　　　「私は何でも言った」
{ **That** will make her happy.　「それは彼女を喜ばせるだろう」

I said everything **that** would make her happy.
「私は彼女が喜ぶようなことは何でも言った」

that も whom や which と同様、目的格（that）は不必要なので省略されます。

{ The first thing is to study hard.　「最優先事項は懸命に勉強することだ」
{ You must do **that**!　　　　　　「君はそれをやらなければならない！」

The first thing (**that**) you must do is to study hard.
「君がまずすべきことは、懸命に勉強することだ」

118 関係代名詞 that (2)

前項では目的格の that をやりましたが、主格でも同形のまま現れます。言うまでもないことですが、that には所有格もないので、所有格の先行詞には使えません。
The road **that** leads to our school is narrow.「学校に通じる道路は狭い」

また、against whom や on which のように、'前置詞＋that' の構造もありません。これらの特徴は代名詞の that が既に持ち合わせているものです。類義の代名詞 it と比較するとはっきり分かりますが、that には強い癖があります。it は一個の'それ'ですが、that はあれやこれやあって、全部まとめて'それ'なので、どの部分に対して所有格にするか、あるいは前置詞の対象とするかが分かりにくいのです。

that はまた they や these、those の仲間なので、「人」でも「物」でも指します。先行詞が「人 or/and 物」の場合に重宝がられるのはそのためです。

119 形容詞語句と関係詞節の関係

形容詞（および分詞）に先導された語句が後ろから名詞を修飾することがあります。この構造は不安を与えるので、L字型留め金（関係詞 who is とか which is）で補強すると容易に理解することができます。

a bag **full** of flowers　→ a bag **(which is) full** of flowers
「花がいっぱい入った袋」

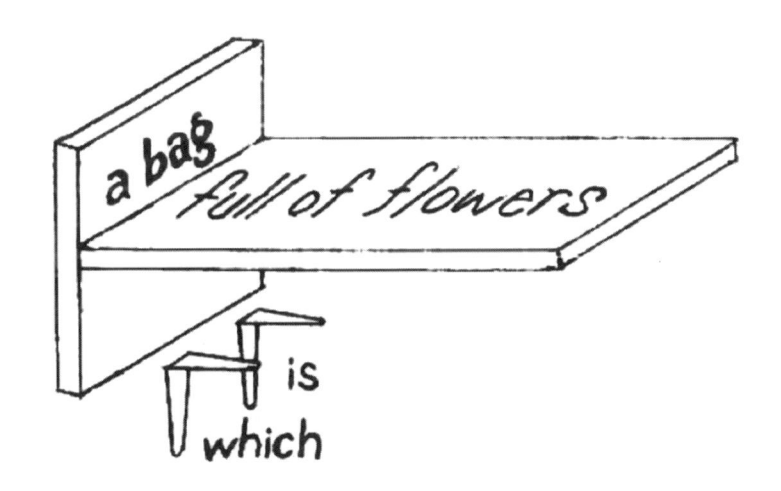

同様の例をあげておきます。

a child **able** to speak French　→ a child **(who is) able** to speak French
「フランス語が話せる子ども」

a ticket **available** for three days　→ a ticket **(which is) available** for three days
「三日間有効なチケット」

a pig **flying** in the air　→ a pig **(that is) flying** in the air
「空を飛ぶブタ」

a piggy bank **broken** by him　→ a piggy bank **(which was) broken** by him
「彼に壊されたブタの貯金箱」

▶関係副詞

120 関係副詞 (1) 関係代名詞との違い

とりあえず、関係代名詞と関係副詞の決定的な違いを絵で感じとってください。

This is the fruit **(which)** I like.

【関係代名詞】「これは私が好きな果物です」
　関係代名詞では節（桃太郎）は先行詞（桃）の'外'にいます。

This is the fruit **where** I was born.

【関係副詞】「これは私が生まれた果物です」
　関係副詞では、節(桃太郎)は先行詞(桃)の'中'にいます

121 関係副詞 (2) where

【重なる要素が「場所」の場合】
{ This is the place.
{ I live **there [in the place]**.

「場所」を表す副詞は there（そこに）でも in the place（その場所に）でも同じです。副詞はどこに置いても意味が変わらないので、先行詞の直後に置いて where で連結します。

→ This is the place **where** I live.「これは私が住んでいる場所です」

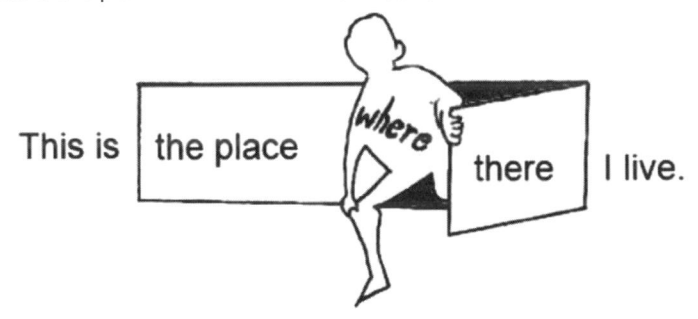

下の絵で節の行為および状態（I live）が先行詞（桃）の中にあることを確認してください。また、接触節（… the place I live in）で書き換えられることも確認してください。

122 関係副詞 (3) when

【重なる要素が「時」の場合】
{ January is the month.
{ I was born [**in January, in that month**].

「時」を表す副詞は then（その時）でも in January（一月に）でも同じです。副詞はどこに置いても意味が変わらないので、先行詞の直後に置いて when で連結します。 → January is the month **when** I was born.「一月は私が生まれた月です」

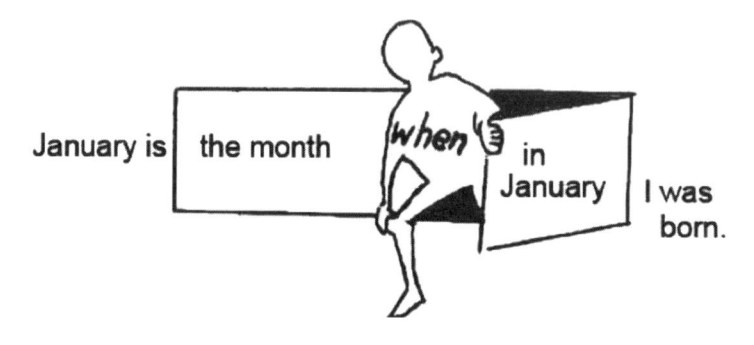

下の絵で節の行為および状態（I was born）が先行詞（桃）の中にあることを確認してください。また、接触節（… the month I was born in）で書き換えられることも確認してください。

123 関係副詞 (4) where か when か

　一般的には、「時」の先行詞には when を、「場所」の先行詞には where を充てますが、「時」と「場所」の概念は時に見極めが難しく、混乱が絶えません。同じ case でも、「時」と捉えるか、「場合」と捉えるかは微妙です。統計では where で続けるケースが約2倍多いです。

This is the case **where/ when** it applies.
「これはそれが当てはまるケースだ」

　また、age（時代）と言えば、when で続けると思いがちですが、実際は 50 〜 60% を where が占めています。

We are in an age **where/ when** people are afraid of their own children.
「親が自分の子を恐れるような時代に我々は生きている」

　この考え方は、「時」の「1949 年に」も「場所」の「東京で」も、in 1949 と in Tokyo のように in を使って表現することと基本的に同じです。

▶ that のまとめ

124 that のまとめ (1)

　代名詞「それ」に始まって、名詞節を導く that、関係代名詞の that、強調構文の that、などなど、that の用法分類は英語学習の主要な領域になっています。これらの混乱はことごとく that の機能追加に起因するものです。代名詞「それ」から出発し、やがて、名詞節を導く機能や関係代名詞など様々な性質を帯びてゆきました。

I know **that**.
He is honest.

音だけ聞くと
I know **that** he is honest.

【名詞節を導く that の誕生】

　I know that.（そのこと知っているわ）+ He is honest.（彼ってまじめよ）→ I know that he is honest.（彼がまじめなことは知っているわ）

　文字に頼らず、人の声だけを聞いて判断すると、名詞節 that がいかに誕生したかがよく分かります。

Here is a book.
That is very interesting.

音だけ聞くと
Here is a book **that** is very interesting.

【関係代名詞 that の誕生】

　Here is a book.（ここに本がある）+ That is very interesting.（とっても面白いの）→ Here is a book that is very interesting.（この本ってすごく面白いよ）

　関係代名詞の最も原始的な形態は that の主格でした。

125 that のまとめ (2) ―関係代名詞の that と同格の that

　関係代名詞（形容詞節）の that と同格（名詞節）の that もしばしば混同されますが、まったく異質の要素です。大雑把に物にたとえると以下のような絵になります。

$\begin{cases} \text{I know } \textbf{the news that} \text{ he brought us.}（関係代名詞）\\ \text{I know } \textbf{the news that} \text{ he won the championship.}（同格） \end{cases}$

$\begin{cases} 「彼が私たちに教えてくれたニュースを知っている」\\ 「彼が優勝したというニュースを知っている」 \end{cases}$

　大切なのは、同格節を導く名詞（抽象名詞）は節中の行為および状況が発生する「場」である、ということです。これは、既にやった to- 不定詞の形容詞的用法（同格）の原理とも一致します。さらには、同じく「場」を提供する関係副詞とも性質を共有するものです。

126 that のまとめ (3) It is... that 〜の強調構文

　強調したい語句の前後を It is と that で挟み、文頭に出します。強調可能な部位は文の主語、目的語、副詞の3種です。形状は形式主語構文にそっくりです。例えば、John bought the guitar yesterday.（John は昨日ギターを買った）において、John と guitar と yesterday を強調することができます。

It was **the guitar** that John bought yesterday.
「John が昨日買ったのはギターだった」

It was **John** that bought the guitar yesterday.
「昨日ギターを買ったのは John だった」

It was **yesterday** that John bought the guitar.
「John がギターを買ったのは昨日だった」

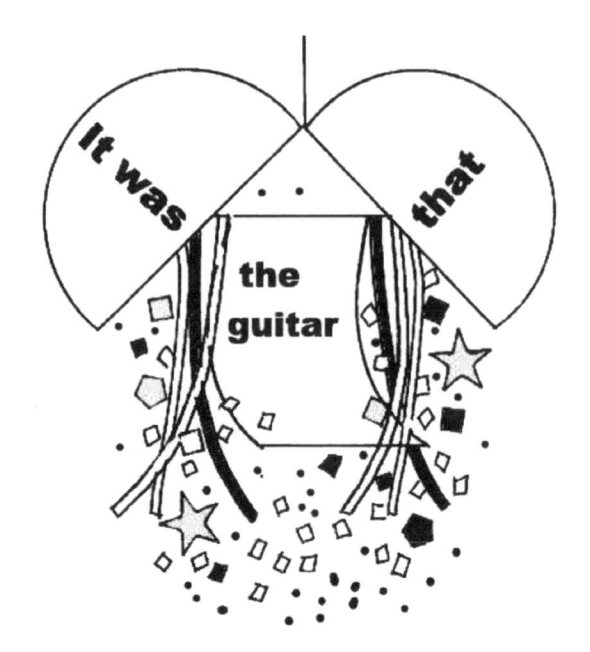

127 that のまとめ (4)―強調構文 (2)

強調構文の It is … that 〜は、形態は形式主語構文に類似していますが、内容は関係代名詞の that と酷似しています。時には、区別できないほどです。

It was the guitar **that** John bought yesterday.

この英文は context（文脈）を抜きにすると、2とおりに訳すことができます。

{ 「John が昨日買ったのはそのギターだ」（強調構文）
「それは John が昨日買ったギターだった」（関係代名詞）

これほど関係代名詞と縁が深いので、that は他の関係詞と置き換えることさえあります。

It was John **who** bought the guitar yesterday.
「昨日ギターを買ったのは John だった」

強調部が「人」の場合、who で置き換えることができます。

第 8 章

比較

比較は数多くの構文と熟語を構成しています。特に、否定語 no や not を含むものが分かりにくいです。それから、2つのものを比較対照する構文なので、どうしても重複要素が邪魔になり、省略が頻発します。省略要素を補って理解することが肝心です。

128 比較級構文の基本

　形容詞と副詞には比較級という語形があります。語尾に -er の音を加えると比較級になります。tall（長い）は taller（より高い）に、fast（速く）は faster（より速く）になります。3音節以上の長い形容詞（例：important）の場合は前に more をつけます。比較の対象は than の後ろに置きます。

You are **taller than** he (is).
「あなたは彼より背が高い」
　なお、後でやる、最上級も同様で、短い語には語尾 -est をつけますが、長い語の場合は前に most をつけます。

　than の後ろは he、より厳密には he is になることに注意してください。この than が昔 then（そして次は）であったためこんな構造が生まれました。「Henry はより背が高いが、その次は（then）彼の兄だ」が本来の意味でした。大切なのは than の後に '主語＋動詞'（he is や you do）と続くのは、than がかつて接続詞的副詞 then であった名残だということです。

129 比較の対象 (1)

　比較の対象は than の後ろに置きますが、対象との'年齢差'とか'身長差'は比較級の前に置きます。これは、比較級構文だからではなく、通常の表現（以下①②）の語順をそのまま引き継ぐものです。

① He is **three years** old.「彼は3歳だ」
② He is **five feet** tall.「彼は身長が5フィートある」

130 比較の対象 (2)

比較構文は何かと言葉が重複します。重複部は省略されるので、これを復元しながら解釈しなければなりません。以下の2文は… than he と… than him の違いですが、立場がまったく異なります。欠損部を補いながら訳さなければなりません。

{ I love you more than **he** (loves you).
「彼が君を愛している以上に俺は君を愛している」→通常 you は「女」
I love you more than (I love) **him**.
「彼を愛している以上に私はあなたを愛している」→通常 you は「男」

131 比較の対象 (3)

$\{$ I like more sugar in my tea than **you** do.
 I like more sugar **in my tea** than **in my yogurt**.

この２文に欠損部を補うと次のような構造になります。

$\{$ I like more sugar in my tea than **you** do (= like sugar in your tea).
 I like more sugar **in my tea** than (I like sugar) **in my yogurt**.
$\{$ 「私は紅茶に、君よりも多く砂糖を入れる」
 「私はヨーグルトよりも紅茶に砂糖を多く入れる」

第１例では、比較の対象が you になっています。you の場合、主語も目的語も同形 you なので、主語であることを明確にするために you do とすることがあります。この do は動詞の代役を務めるので「代動詞」と呼ばれます。それが指す欠損部を補って考えなければなりません。

> この do には多くのことが含まれます

第２例では、比較の対象は副詞語句です。副詞の場合、その他の要素（主語＋動詞〜）は全て補って訳さなければなりません。

132 比較の対象（4）

同一文中に同じ名詞が2度登場する場合、代名詞の that（複数なら those）を用いて重複を避けるのが一般的です。

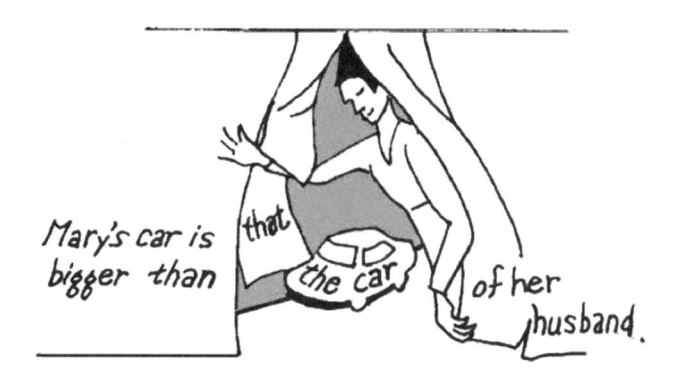

Mary's car is bigger than **that** (= the car) of her husband.
「Maryの車は夫の車より大きい」

than ～以下がそっくり省略されることもあります。文脈から比較の対象が明白な場合に限られます。下の場合、than in that dress の中に、さらに、you look (good) を想定することができます。

You will look better in this dress **(than in that dress)**.
「このドレスのほうが（あのドレスより）似合うよ」

133 no more/less than 〜

　水をじゃぶじゃぶと容器に流し込むと、すぐに満杯になって溢れだします。水を流し続けると、水量はこれ以上増えることもなく、減ることもなくなります。
　no は never に匹敵する強い否定なので、no more than (100) は「決して 100 を上回ることはない」を、no less than (100) は「決して 100 を下回ることはない」を原義とします。結局、両者は同意で 'just 100' を意味します。ただ視点が違うだけです。

　体の小さいレッサーパンダ（lesser panda）が見上げる no less than 100 は「100 も（ある）」を表し、体の大きいジャイアントパンダ（giant panda）が見下ろす no more than 100 は「たったの 100」になるわけです。否定語を使っていますが、実質は「強調」です。*lesser panda :「(giant panda) より小さいパンダ」の意味。

　I have **no more than** 100 dollars.
　「私は 100 ドルしか持っていない」
　I have **no less than** 100 dollars.
　「私は 100 ドルも持っている」

134 no more ... than 〜

　A whale is no more a fish than a horse is.（クジラが魚でないのは馬が魚でないのと同じ）で有名な構文です。省略部を補うと次のような対立になります。

{ A whale is no more **a fish** than
　a horse　is　　　　　　**(a fish)**.

　「馬が魚である以上にクジラが魚であることは決してない」という直訳になります。原理は 'no more than100 ＝ 100' と同じで、A is no more B than C is D. において **A is B ＝ C is D** が成立します。否定語を使っていますが、実質は究極の「皮肉」です。

「クジラって魚だよね」　　　　　　　　　　「だったら、馬も魚だ」

　当然のことながら、no more … than 〜を裏返した no less … than 〜も 'A is B ＝ C is D' が成立します。
　A whale is **no less** a mammal **than** a horse is.
　「クジラが哺乳動物であるのは馬が哺乳動物であるのと同じだ」
　和訳するときは「馬＝魚」か「馬＝哺乳動物」かで否定と肯定を区別します。

135 クジラの公式の別形

「クジラの公式」には別の形があります。強い否定の no と not … any が等しいので、not … any more than ～ で書き換えられます。

A whale is **no more** a fish **than** a horse is. ①
= A whale is **not** a fish **any more than** a horse is. ②

②のほうが①より新しい発達ですが、使用頻度は 1/5 と少ないです。
'比較級＋ any other ＋単数名詞' の構文とも関連する重要な文法原理なので、'no = not … any' は十分理解しておく必要があります。any は「どの１つも」を表すので、これを１つ１つ否定（not）することは、「この上なく強い否定」になります。

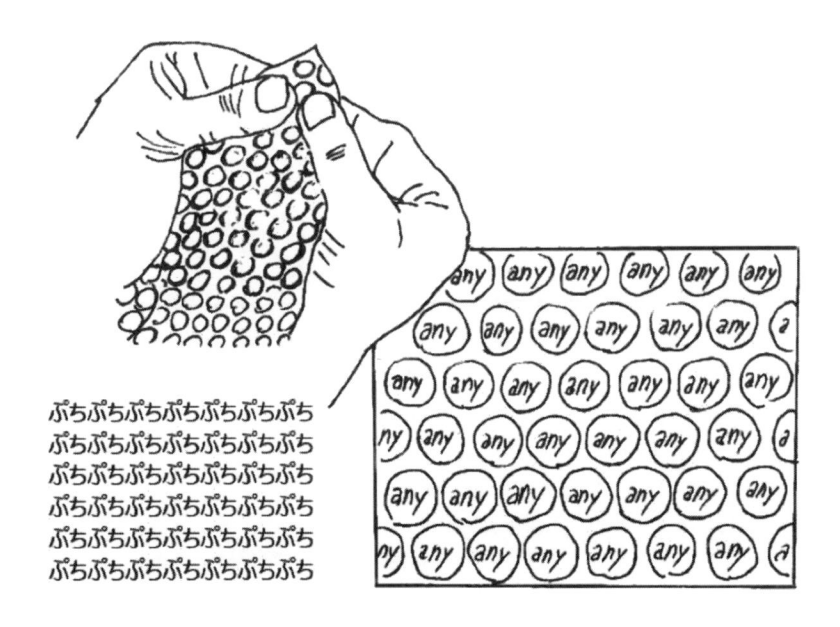

基本的には、「私は一銭も持っていない」に対し、次の２つが同意で並びます。

{ I have **no** money.
{ I do **not** have **any** money.

136 比較＋ anyone else

Takashi is taller than **anyone else [any other student]** in his class.
「タカシはクラスで誰よりも背が高い」
「タカシ」がクラスの「誰よりも背が高い」を表すとき、比較の対象は「本人以外の1人1人」でなければなりません。

同意で主語が「無人」ということもあります。no one [nobody] とか no (other) student で始まるケースです。

No one [No (other) student] is taller than Takashi in his class.

137 最上級の基本

形容詞および副詞に語尾 -er 音をつけ加えると比較級になりますが、-est 音をつけ加えると、最上級になります。ただし、超重要語には不規則な語形変化もあります。good の比較級は better、最上級は best（最も良い）、bad の比較級は worse、最上級は worst（最悪の）です。first（最初の）や last（最後の）も最上級の仲間です。next は昔、near（近い）の最上級で、「最も近い→隣の」になりました。

Mt. Everest is **the highest** mountain in the world.
「エベレストは世界で最も高い山である」

同意で「エベレストは他のどの山よりも高い」と書き換えることもできます。
Mt. Everest is higher than any other mountain in the world.
最上級は普通、その範囲を限定する副詞語句が伴います。
Mt. Fuji is the highest mountain **in Japan**.
「富士山は日本で一番高い山です」
定冠詞 the は王者たる最上級に授与される冠と考えてください。ただし、副詞の場合はつかないのが一般的です。詳しくは次項でやります。
Takashi is **the** fastest runner in our class.「タカシはクラスで一番足が速い」
= Takashi runs fastest in our class

138 比較構文と the (1)

最上級は「唯一無二」なので、'定冠詞 the ＋最上級＋名詞' が原則です。

Takashi is **the fastest** runner in our class.
「タカシはクラスで一番足が速い」

したがって、'動詞＋副詞' では the を必要としません。「走ったら落ちる」と考えてください。

Takashi **runs fastest** in our class.

同一人 [物] 内の状態や性質の比較では、やはり '最上級＋名詞' がないので、the は不要です。

He looked **happiest** when he won the first prize.
「彼は1位になったとき、最も幸せに見えた」

しかし、ネイティブ・スピーカーのなかには、この２つの原則を軽視する者が少なくなく、必ずしも守られているわけではありません。口語の非標準用法ですが、最上級には何でもかんでも the をつけることがあります。

139 比較構文と the (2)

「2つのうち大きいほう」とか「2人のうち若いほう」と言う場合、厳密には the bigger (one of the two) とか the younger (person of the two) のように表現するので、'the ＋比較級（＋名詞）' が使われます。

Which [Who] is **the taller**, Jacob or Takashi?
「Jacob とタカシでは、どっちが背が高いの？」

それから、The ＋比較級…, the ＋比較級〜（…すればするほど、〜する）という構文があります。that（それ、その）に近い the ですが、やはり比較級を限定します。次の英文は「それだけ多く君が涙を流せば、その分だけ強くなる」と直訳されます。

The more tears you shed, **the stronger** you grow.
「涙の数だけ強くなれるよ」

140 as … as 〜の原理

　最初の as は副詞 also（〜もまた）と同じものです。下の例は「彼と同じようにあなたも背が高い」という意味です。歴史的に見ると、also は also → **as** と also → **so** の２とおりに発展しました。as … as の否定形が not **so** … as とも置き換えられるのはそのためです。

You're also tall as he is

'as ＝ also' の公式を他の例文に当てはめて書き換えてみましょう。

He has **as** many books **as** my father (has).
「彼は私の父と同じくらい多くの本を持っている」
→ My father has many books, and he **also** has many books.
　さらに、as 〜が省略された構文でも、容易に理解することができます。
You are diligent, and your brother is **as diligent** (**as** you are).
「君は勤勉だ。君の兄さんも（君と）同じく勤勉だ」
→ You are diligent, and your brother is **also** diligent.

141 倍数比較

A is N times as large as B. の構造で、「AはBのN倍大きい」を表します。結局、同等比較 as … as 〜の最初の as は'度'の入っていないコンタクトレンズ越しに物を見るようなもので、対象物が同じ寸法で見えます。もし、縮尺を変えたいなら、コンタクトレンズの前に度入り眼鏡などをかけなければなりません。

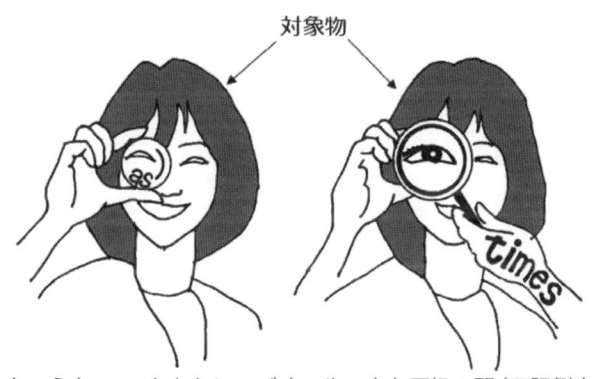

なぜ'前'かというと、コンタクトレンズ（as や so）と原級の間（下記例文中の下線部）には、いかなる構文でも、一切の異物を挟むことが禁じられているからです。つまり、コンタクトレンズと眼球の間に異物が挟まると激痛が走る、ということです。この as や so が元、副詞 also で、直後の形容詞、副詞にぴったりくっついて修飾しているのです。

He is **as great a** playwright as Shakespeare. *as a great playwright は不可。
「彼はシェイクスピアと同じくらい偉大な劇作家である」

副詞 as [so] の邪魔をしない、ガラスの手前なら、レンズで遠近を調節して倍率を加減することができます。

He has **one-third [twice, three times]** as much money as I have.
「彼は私の1/3の[2倍の、3倍の]お金を持っている。

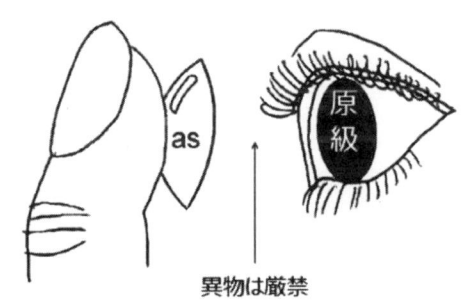

142 as … as 〜が最上級

as … as anybody（誰よりも…）と as … as ever lived（古来まれな…、並はずれた…）の構文は内容上「最上級」を表現します。

He is **as** big **as anybody** on our team.
「彼は私たちのチームで誰よりも体が大きい」

直訳すると、「誰と比べても同じくらい大きい」になるので、これでは He は伸縮自在の'お化け'になってしまいます。

誰と比べても同じなんて

ここは、英語の発想では、「誰と比べても同じ」ではなく「誰にも決して引けをとらない」を強調します。そこで思い出すのは、既にやった'クジラの公式' no less than（100 people「100 人も（の多くの人）」）です。その直訳「(100 人) を決して下回らない→(100 人) を上回るくらいだ」と完全に一致します。

—— no less than ——　　　　—— no more than ——

143 as … as ＋数値

as … as ～が直後に「数量」をとると、やはり「～と同じくらい」では済まなくなります。この「数量」を強調する意味を帯びます。
　as **many** as 100 people　100 人も（いや 100 人を上回るくらいだ）
　as **little** as 100 dollars　わずかに 100 ドル（いや 100 ドルを下回るかも）

前頁でやった構文とまったく同じ発想によって、'クジラの公式'に置き換えることができます。

as **many** as 100 people	→ 100 人を決して下回らない
＝ no less than 100 people	→ 100 人も
as **little** as 100 dollars	→ 100 ドルを決して上回らない
＝ no more than 100 dollars	→わずか 100 ドル

―― no less than ――
＝ as many [much] as

＝ as little as
no more than

144 not more [less] than 〜

【not more than 〜】not は単なる否定の意味しか持たず、「〜を超えることはない、よりも多くはない」、つまり、数値の上限を強調する表現です。が実数は明かしません。

She has **not more than** a hundred dollars on her.

「彼女の所持金はせいぜい 100 ドルだ」

【not less than 〜】not は単なる否定の意味しか持たず、「〜を下回ることはない、よりも少なくはない」、つまり、数値の下限を強調する表現です。が、実数は明かしません。

She has **not less than** a hundred dollars on her.

「彼女の所持金は少なくとも 100 ドルだ」

no more [less] than 〜との違いを絵で表示すると以下のごとくになります。

There are **not more than** 10 pandas.
「パンダは多く見ても 10 頭しかいない（もっと少ないかも）」

There are **not less than** 7 pandas.
「パンダは少なくとも 7 頭はいる（もっと多いかも）」

付録
確認クイズ

各問に対し YES か NO で答えてください。わからなかった問題は、矢印の示す参照項目を読み直して確認してください。

001 「AKB48 がコンサートを開催する」は AKB48 **is** going to hold their concert. でいい？

002 water や gas といった「物質名詞」は常に単数扱い？

003 「私のこれらの友達」は my these friends ？

004 God（神）は第Ⅲ人称の単数形？

005 「彼はいつも熱心に働く」は He always **work** hard. でいい？

006 You work hard. の否定文は You **do**n't **work** hard. でいい？

007 He works hard. の疑問文は Does he **works** hard? でいい？

008 He worked hard. の疑問文は Did he **worked** hard? でいい？

009 「あなたは歩けますか」は Can you walk? でいい？

010 「試験に合格することができた」は I could pass the exam. でいい？

011 「試験に合格できなかった」は I couldn't pass the exam. でいい？

012 I was going to **visit** my aunt. は「叔母を訪ねるつもりだった」？

013 「試験に合格できるだろう」は You **will can** pass the exam. でいい？

014 How do you do? の do は両方とも動詞？

015 You are happy. の疑問文は **Do** you happy? でいい？

016 「君は幸せになる」は You become happy. でいい？

017 Your dream will **come** true. は「あなたの夢は叶うでしょう」？

018 walk は常に自動詞？

---

001 YES（→2） ／ 002 NO（→3） ／ 003 NO（→6） ／ 004 YES（→9） ／
005 NO（→14） ／ 006 YES（→15） ／ 007 NO（→18） ／ 008 NO（→18） ／
009 YES（→20） ／ 010 NO（→21） ／ 011 YES（→22） ／ 012 YES（→23） ／
013 NO（→24） ／ 014 NO（→26） ／ 015 NO（→29） ／ 016 YES（→30） ／
017 YES（→31） ／ 018 NO（→32） ／

019 arrive（到着する）は他動詞？

020 「飛行機は東京に接近している」は The plane is **approaching** Tokyo. でいい？

021 taste には「〜の味がする」と「〜を味わう」の２用法がある？

022 「部屋に入る」は enter **into** the room でいい？

023 「彼女は母親に似ている」は She resembles **to** her mother. でいい？

024 「遅れたことを彼に詫びた」は I apologized **him** for the delay. でいい？

025 I told **him** the way to the station. は「彼に駅へ行く道を教えた」？

026 I gave him an apple. において him は「直接目的語」と呼ばれる？

027 「彼にそれを見せた」は I showed him **it**. でいい？

028 I told you. も I told the truth. も英文として成立する？

029 I'll make her a cup of coffee. はＳ＋Ｖ＋Ｏ＋Ｏの構文？

030 We **named** our dog Max. は「我が家の犬を Max と命名した」？

031 「その本が面白いことが分かった」は I found the **interesting** book. でいい？

032 a flying chicken は「飛んでいるニワトリ」？

033 A chicken is flying over the fence. は「ニワトリが柵を越えて飛んでいる」？

034 It was an **exciting** match. は「手に汗握る好取り組みだった」？

035 「彼女の眼は閉じていた」は Her eyes were closed. でいい？

036 He sat with his eyes **closed**. は「彼は目を閉じて座っていた」？

037 She talked, with her eyes **shining**. は「彼女は目を輝かせながら話をした」？

038 I was born in 1949. は「私は 1949 年に生まれた」？

---

019 NO（→ 33,34）／ 020 YES（→ 34）／ 021 YES（→ 35）／ 022 NO（→ 36）／
023 NO（→ 37）／ 024 NO（→ 38）／ 025 YES（→ 39）／ 026 NO（→ 39）／
027 NO（→ 41）／ 028 YES（→ 42）／ 029 YES（→ 43）／ 030 YES（→ 44）／
031 NO（→ 45）／ 032 YES（→ 47）／ 033 YES（→ 48）／ 034 YES（→ 49）／
035 YES（→ 50）／ 036 YES（→ 51）／ 037 YES（→ 52）／ 038 YES（→ 53）／

付録　確認クイズ

039 He sits tiring. は「彼は疲れて座っている」？

040 I **have broken** my piggy bank. は「私は貯金箱を壊しちゃった」？

041 「彼は病気で一週間寝込んでいます」は He **is** sick in bed for a week. でいい？

042 I'**ve got** a bad cold. は「悪い風邪を引いてしまった」？

043 I **have** never **been** there. は「そこへは行ったことありません」？

044 My hobby is **watching** movies. は「私の趣味は映画を鑑賞することです」？

045 「私はテニスが得意だ」は I am good at **to play** tennis. でいい？

046 **To see** the moon sinking, he turned around. は副詞的用法「目的」？

047 「あの試験は合格するのが難しい」は The exam is very hard **to pass it**. でいい？

048 「何か食べる（ための）物ある？」は Do you have anything **to eat it** でいい？？

049 「座るための椅子が欲しい」は I want a chair **to sit on it**. でいい？

050 **To be** a doctor is tough. は「医者になるのは楽じゃない」？

051 「英語を話すのは難しいと思う」は I find **it** difficult to speak English. でいい？

052 「私の趣味はコインを集めることだ」は My hobby is **collecting** coins. より My hobby is to collect coins. のほうが適切？

053 「私は読書が好き」は I like to read. でも I like reading. でもいい？

054 Remember **to write** to her. は「彼女に手紙を書いたのを覚えている」？

055 I saw a pig **fly**. は「ブタが空を飛ぶのを見た」？

056 force, compel, oblige, help は'人＋to- 不定詞'をとる？

057 They made her **go** there alone. の受動態は She was made go there alone. でいい？

---

039 NO (→ 54) ／ 040 YES (→ 55) ／ 041 NO (→ 56) ／ 042 YES (→ 57) ／
043 YES (→ 58) ／ 044 YES (→ 59) ／ 045 NO (→ 60) ／ 046 YES (→ 65) ／
047 NO (→ 66) ／ 048 NO (→ 67) ／ 049 NO (→ 68) ／ 050 YES (→ 70) ／
051 YES (→ 71) ／ 052 NO (→ 72) ／ 053 YES (→ 73) ／ 054 NO (→ 74) ／
055 YES (→ 75) ／ 056 YES (→ 76) ／ 057 NO (→ 77) ／

058 「傷ついたハートを彼に修理させよう」は I'll have him mended my broken heart. でいい？

059 「私はバッグを盗まれた」は I was stolen my bag. でいい？

060 使役動詞 make は have や let よりも強制力が大きい？

061 I don't know（知らない）+ Where did he go?（彼はどこへ行ったか）は I don't know where he did go. でいい？

062 「私が日本食を好きかどうか彼はたずねている」は He asks what I like Japanese food. でいい？

063 「日本には独特の歴史があると言われている」は That Japan has its unique history is said. でいい？

064 「彼が合格することに疑いはない」は I have no doubt that he will pass the exam. でいい？

065 「そのことをどう思いますか？」は **How** do you think of it? でいい？

066 Do you know <u>when the train leaves</u>? の下線部は名詞節？

067 I was taking a shower <u>when he came</u>. の下線部は名詞節？

068 I will ask him <u>if he will come tomorrow</u>. の下線部は名詞節？

069 He said, "I **am** busy." = He said that he is busy. は成り立つ？

070 He said, "I **did** it." = He said (that) he **had done** it. は成り立つ？

071 The train (　　) already **gone** when Hidetada arrived at the station（秀忠が駅に到着したとき汽車は既に出発していた）の空所に入るのは has ?

072 仮定法の動詞形は過去に対しては had done か助動詞過去＋ have done の形？

---

058 NO (→ 78) ／ **059** NO (→ 79) ／ **060** YES (→ 80) ／ **061** NO (→ 83) ／
062 NO (→ 84) ／ **063** NO (→ 85) ／ **064** YES (→ 86) ／ **065** NO (→ 87) ／
066 YES (→ 88) ／ **067** NO (→ 89) ／ **068** YES (→ 91) ／ **069** NO (→ 92) ／
070 YES (→ 94) ／ **071** NO (→ 95) ／ **072** YES (→ 97) ／

073 「もしもピアノが弾けたなら」は If I **could** play the piano …でいい？

074 I wish I **had** wings and (　　) fly away.「翼があったら飛んでいきたいなぁ」の空所に入る適切な語は could ？

075 If I **had** not **met** you, what **would** I (　　)？「もしもあなたと逢えずにいたら、私は何をしていたでしょう」の空所に入る適当な語は do ？

076 If I **had** not **met** you, what would I (　　)？「もしあの時あなたに逢えずにいたら、(今ごろ) 私は何をしてたでしょうか」の空所に入る適当な語は have done ？

077 It **seems** that he **was** rich. → He seems to (　　) rich. の空所に入る語は be ？

078 It **seemed** that he **was** rich. → He seemed to (　　) rich. 空所に入る語は be ？

079 The thief **admits** that he **is** a liar. = The thief admits **being** a liar. は成り立つ？

080 The thief admitted that he was a liar. = The thief admitted being a liar. は成り立つ？

081 This is the man (　　) teaches us the guitar.「これは私たちにギターを教えてくれる人です」の空所に入る適切な関係詞は whose ？

082 The road (　　) leads to our school is narrow.「学校に通じる道は狭い」の空所に入る適切な関係詞は which および that ？

083 This is the house (　　) I painted.「これは私がペンキを塗った家だ」の空所には関係詞を入れなくてもいい？

084 This is the place (　　) I live.「これは私が住んでいる場所です」の空所に関係詞を入れなくてもいい？

085 January is the month (　　) I was born「1月は私が生まれた月です」の空所に入る関係詞は where ？

086 I know **the news that** he brought us.「彼が私たちに教えてくれたニュースを知っ

---

073 YES (→98) ／ 074 YES (→99) ／ 075 NO (→100) ／ 076 NO (→101) ／
077 NO (→105) ／ 078 YES (→106) ／ 079 YES (→107) ／ 080 YES (→108) ／
081 NO (→110) ／ 082 YES (→112) ／ 083 YES (→113) ／ 084 NO (→121) ／
085 NO (→122) ／ 086 YES (→125) ／

ている」の that は関係代名詞？

087 It was John **that** bought the guitar yesterday. の that は who でもいい？

088 「彼は私より３つ年上です」は He is older than I three years. でいい？

089 「彼が君を愛している以上に俺は君を愛している」は I love you more than **him** でいい？

090 「私は紅茶に、君よりも多く砂糖を入れる」は I like more sugar in my tea than you do. でいい？

091 Mary's car is bigger than **that** of her husband. の that は car を指す？

092 I have **no more than** 100 dollars. は「私は 100 ドルしか持っていない」？

093 A whale is **no** (　　) a mammal **than** a horse is. 「クジラが哺乳動物であるのは馬が哺乳動物であるのと同じだ」の空所に入る語は less ？

094 I have **no** money. は I do **not** have **any** money. と同意？

095 「タカシはクラスで誰よりも背が高い」は Takashi is taller than **all the students** in his class. でいい？

096 「エベレストは世界で最も高い山だ」は Mt. Everest is **highest** mountain in the world. でいい？

097 「タカシはクラスでいちばん足が速い」は Takashi **runs fastest** in our class. でいい？

098 「涙の数だけ強くなれるよ」は **The more** you shed tears, **the more** you grow strong. でいい？

099 「彼は私の父と同じくらい多くの本を持っている」は He has **books as** many as my father. でいい？

100 「彼女の所持金はせいぜい 100 ドルだ」は She has **not more than** a hundred dollars on her. でいい？

---

087 YES (→ 127) ／ 088 NO (→ 129) ／ 089 NO (→ 130) ／ 090 YES (→ 131) ／
091 YES (→ 132) ／ 092 YES (→ 133) ／ 093 YES (→ 134) ／ 094 YES (→ 135) ／
095 NO (→ 136) ／ 096 NO (→ 137) ／ 097 YES (→ 138) ／ 098 NO (→ 139) ／
099 NO (→ 140) ／ 100 YES (→ 144)

索 引

※索引は50音順→アルファベット順になっています。数字は参照頁です。

【か行】
格　12
過去完了　101, 115, 119
過去形　18
過去分詞　50-59
仮定　24, 104-109
関係代名詞　122-132, 136, 137
関係副詞　133-135
完了（現在完了）　61
冠詞　7
間接目的語　41-44
規則的活用　18
疑問文　20, 27, 31
強調構文　136-139
金太郎飴　59
クジラの公式　149
経験（現在完了）　62
継続（現在完了）　60
形容詞　6-8, 57, 131
形容詞的用法（不定詞）　71, 72
原形　21-25, 65-67, 79
現在完了　59-62, 113, 115, 118, 119
現在分詞　50-58
限定詞　7
固有名詞　2

【さ行】
最上級　151, 152
三単現　10, 16, 17, 21
使役動詞　79-85
時制　65
時制の一致　98-101
時制のズレ　112-119
自動詞　34-38
集合名詞　2, 3
主格　12-14
受動態　58, 83
準動詞　50
助動詞　17, 19-29, 105
所有格　12, 14
進行形　58
接触節　123, 125-128

前置詞　9, 72

【た行】
代動詞　145
代名詞　11
代名詞の格　12-14
他動詞　34-39
知覚動詞　79
抽象名詞　2, 5, 137
直接目的語　41-43
定冠詞 the　152, 153
動詞　8
動名詞　50, 63, 64, 77, 78
同格　71, 92, 137

【な行】
人称　10, 16

【は行】
裸の不定詞　65
比較　142-158
否定文　17, 19, 27, 31
不規則活用　18
副詞　8
副詞節　94-97
副詞的用法（不定詞）　68-70
付帯状況構文　55, 56
普通名詞　2
物質名詞　2, 4
不定詞　50, 64-81
不定詞の用法（一覧）　66
分詞　50-57
母音交替　18
補語　31, 45-47

【ま行】
名詞的用法（不定詞）　73-77
名詞節　88-93, 97, 136
命令文　21
目的格　12-14
目的語　9, 35

【A】
(be) able to do　25, 26
accompany　38
admit　117, 118
all　7
amused　53
amusing　53
anyone　150
apologize　40
appear　32
approach　35, 36
are　30, 31
arrive　35, 36
as ⋯ as　154-157
as soon as　96
ashamed　57
ask　44, 80
ate　18
attend　38

【B】
bare infinitive　65
be　30-33
become　32
both　7
(be) born　57
buy　42, 44
by the time　96

【C】
call　46
can　22, 26, 27, 29
charming　57
come　33
compel　80
complain　40
Complement　31, 45-47
contact　35
could　23-25, 106

【D】
depart　36

166

did　13, 20
didn't　19
discuss　38
do(es)　13, 16, 17, 19, 20, 27-29
doing　50, 51
done　50, 51
doubt　92

【E】
eat　18
elect　46
enter　38
envy　44
excel　39
excited　53
exciting　53
explain　40

【F】
feel　37
find　46, 47
flying　51
follow　38
force　80
fried　51

【G】
get　32, 33
give　41-44
go　33
go to work　67
God　10
(be) going to do　25

【H】
half　7
have　80, 82, 83
have to do　26
help　80, 81
her　14

【I】
if　94, 97
interesting　47, 57
it　130
It is said　91
its　130

【J】
join　38

【K】
know　90

【L】
leave　35, 36
let　80
look　32, 37

【M】
make　44, 45, 80, 84
marry　14, 24, 38
mention　38
must　26, 27, 29

【N】
name　46
no more [less] than　147, 149
no more [less] … than　148, 156, 157
not … any more than　149
not more [less] than　158

【O】
obey　38
object　12
oblige　80

【R】
reach　35
read　18
resemble　39

【S】
say　40, 98-100, 112-114, 119
see　37
seem　32, 115, 116, 119
send　44
should　24, 27, 29, 105, 107
show　42-44
smell　37
(be) sorry for　40
sound　37
speak　40
start　36
subject　12
suggest　40
survive　39

【T】
talk　40
taste　37
teach　41, 44
tell　40, 44, 80
that　129, 130, 136-139, 146
the ＋比較級　153
think　93
thou　11
tired　58
touch　35

【U】
until　96
(be) used to　64

【W】
want　85
what　93
when　94, 95, 101, 134, 135
where　132, 133, 135
which　124, 126-128, 131, 132
who　122, 139
whom　123, 126, 128
whose　122, 124
will　22, 25-27, 29
will have to do　26
willing　57
wish　105, 107
with ＋名詞＋分詞　55, 56
would　23-25, 105, 106

【Y】
you　11, 14

167

絵解き式 読まずにわかる英文法

● 2014年8月1日 初版発行 ●

● 著者 ●

佐久間 治

© Osamu Sakuma, 2014

発行者 ● 関戸雅男
発行所 ● 株式会社 研究社
〒102-8152 東京都千代田区富士見2-11-3
電話 営業 03-3288-7777（代） 編集 03-3288-7711（代）
振替 00150-9-26710

http://www.kenkyusha.co.jp/

KENKYUSHA

装丁・本文レイアウト ● mute beat
印刷所 ● 研究社印刷株式会社
ISBN978-4-327-45266-7 C0082 Printed in Japan

価格はカバーに表示してあります。
本書のコピー、スキャン、デジタル化等の無断複製は、著作権法上での例外を除き、禁じられています。
また、私的使用以外のいかなる電子的複製行為も一切認められていません。
落丁本、乱丁本はお取り替え致します。
ただし、古書店で購入したものについてはお取り替えできません。